Amtlicher Entwurf

einer neuen

Hypotheken-Ordnung

für

den Preußischen Staat,

mit

erläuternden Anmerkungen.

Verlag der T. Trautwein'schen Buch- und Musikalienhandlung
(J. Guttentag.)
(Sep. Conto.)

Vorwort.

Erleichterung und Belebung des Verkehrs, bezüglich auf Grundbesitz, ist eine Forderung der Zeit. Zu deren Befriedigung ist weiter nichts nöthig als Sicherheit dafür, daß der Gegenstand des beabsichtigten Rechtsgeschäfts derjenigen Person, mit welcher der Andere sich einlassen will, wirklich in dem Grade zu Gebote steht, als darüber verfügt werden soll, so, daß wenn das Geschäft vollzogen worden, dem Erwerber nicht aus einem ihm unbekannt gebliebenen Mangel in dem Rechte des Veräußerers der Gegenstand wieder entzogen werden kann. Dazu genügt eine Kenntniß des Rechts des Veräußerers und aller Geschäfte, die er in Beziehung auf den fraglichen Gegenstand etwa schon vollzogen hat. Hieraus folgen die beiden nothwendigen Grundbedingungen eines guten Grundwesens: Oeffentlichkeit und Besonderheit, das heißt hier die Möglichkeit, den Rechtszustand von einer bestimmten Sache kennen zu lernen. Mehr ist nicht erforderlich, um das verkehrtreibende Publikum in den Stand zu setzen, seine Geschäfte mit Vorsicht zu schließen.

**

Die jetzt bestehende Hypotheken- oder Grundwesen-Verfassung schreibt noch ein drittes Erforderniß zur formellen Begründung eines Realrechts durch Eintragung vor, nämlich: die s. g. Legalität oder Gesetzlichkeit, worunter man die Bedingung versteht, daß die Hypotheken-Behörde das Rechtsgeschäft, dessen Eintragung verlangt wird, für erlaubt und für rechtsgültig halten, und bei der Fassung der Urkunde sowie bei den Verabredungen der Parteien nichts zu erinnern finden soll.

Die folgerechte Anwendung dieses Prinzips führt zur Einschränkung der Dispositionsbefugniß und dadurch zur Hemmung des Verkehrs, indem eine fremde unangreifbare Macht sich zwischen die Betheiligten drängt, um ganz wider deren Willen für die möglich höchste Sicherheit der Interessenten und zur Zeit noch unbekannten Dritten zu sorgen. Zu diesem Ende unternimmt das Hypothekenamt eine umfassende Prüfung des Geschäfts hinsichtlich des Inhalts, Gegenstandes, der Form und Ausdrücke, und findet dabei eine Menge Zweifel und Bedenken. Daraus entstehen den Betheiligten große Schwierigkeiten, Weitläufigkeiten, Kosten und Zeitverluste; und wenn endlich doch die Bedenklichkeiten für grundlos erkannt oder durch Beschwerdeführung beseitigt werden, ist es mit dem Geschäfte selbst zu spät geworden; der Betroffene hat Schaden und Kosten aber keinen greifbaren Gegner, an den er sich wegen Schadloshaltung halten könnte. Das Unangemessene, Zweckwidrige hiervon fühlen selbst die Anhänger des Gesetzlichkeitsprinzips, indem man einräumt, daß bei dessen strenger Durchführung dem Hypothekenamte eine unfehlbare Meinung beigelegt und zugleich eine übertriebene Aengstlichkeit geschaffen sei; sowie daß im Wege der bloßen Beschwerde über Privatrechte nicht entschieden werden dürfe. Von dieser Seite ist vorgeschlagen worden, durch ein Urtel über die Meinungsverschiedenheit zwischen dem Hypothekenamte einerseits und den Betheiligten andererseits zu entscheiden. Doch hat man nicht zugleich auch darüber Vorschläge gemacht:

1. wer die Kosten tragen und erstatten soll, wenn das Hypothekenamt Unrecht hat, da man doch nicht auf Kosten Desjenigen, dem man ohne rechtlichen Grund in seiner Dispositionsbefugniß hinderlich sein will, dieserhalb wird prozessiren wollen;
2. wer den Schaden erstatten soll, der dem Betheiligten in Folge ungerechtfertigter Verweigerung der Eintragung entsteht. Auch ist nicht erwogen
3. daß überdieß ein solcher Prozeß ganz umsonst geführt worden sein würde, da das Urtel keinem Dritten entgegenstehen könnte und folglich die Ungültigkeit des Geschäfts und der Eintragung dennoch von jedem betheiligten Dritten ausgeführt werden könnte, so daß Alles, was mit so viel Kosten und Beschädigung dem Gesetzlichkeitsprinzip zu Lieb' geschieht und geschehen soll, obenein unzureichend ist.

Auch der Zweck des Hypotheken-Instituts, welchen

man zur Rechtfertigung des fraglichen Prinzips angegeben hat, ist irrig. Dieser Zweck sei, sagt man, der durch möglichst vollständige Sicherung zu schützende Realkredit. Das heißt also: Schutz des Realkredits durch möglichst vollständige Sicherheit der verkehrenden Interessenten. Folgerecht müßten danach keine Hypotheken über den wahren Werth der Grundstücke hinaus eingetragen werden. Doch davon abgesehen; das Sachliche ist: kein Staatsinstitut kann einen Zweck haben sollen, welchen der Staat zu erreichen gar nicht im Stande ist, oder zu dessen Erreichung Mittel angewendet werden müßten, welche weit mehr schaden als der Zweck nutzen kann. Welche Maßregeln nun auch der Staat ergreifen wollte, um den angeblichen Zweck des Instituts zu erreichen; so würden sie alle den Verkehr lähmen und drücken, vielleicht ganz tödten, und für den beabsichtigten Zweck doch unzureichend bleiben. Den angegebenen Zweck kann das Institut auch noch deshalb nicht haben sollen, weil er zur Lebhaftigkeit des Verkehrs gar nicht nöthig ist, indem jeder Verkehrtreibende wol selbst und ohne Bevormundung auf seine Sicherheit sehen wird, wenn er nur die Zustände zu übersehen vermag; wenn er aber darauf nicht achten will, er dazu nicht gezwungen werden darf. Darnach kann der Zweck des Hypotheken-Instituts nur sein sollen:

> zuverlässige Offenlegung gewisser Zustände bezüglich auf Grundstücke;

und dazu genügen **Oeffentlichkeit** und **Specialität** vollständig. Das Gesetzlichkeitsprinzip ist

1. hemmend für den Verkehr;
2. schädlich für die Betheiligten in vielfacher Beziehung;
3. schädlich für den Richter, der dadurch, den Interessenten gegenüber, zur Partei gemacht wird und mit ihnen einen erbitternden Streit führen muß; und
4. bei alle Dem für den beabsichtigten Zweck doch unzureichend.

Aus diesen Gründen halte ich die, u. A., der französischen Gesetzgebung zu Grunde liegende Ansicht für die allein richtige, die nämlich, daß Jeder selbst seine Rechte wahrzunehmen und sich vorzusehen habe, um Rechtsgeschäfte gültig und wirksam zu schließen; daß der Staat auch über die um Grundstücke handelnden Parteien keine Vormundschaft führen dürfe und das Hypothekenamt nur für die Wahrheit des vermerkten Geschäfts als Thatsache in der äußern Erscheinung einzustehen habe; daß die Staatsbehörde nicht den Betheiligten als Partei gegenübertreten und mit ihnen über ihr Geschäft streiten könne.

Das Legalitäts-Prinzip muß folglich fallen.

Dann, aber auch nur dann, kann die Hypotheken-Buchführung den Gerichten abgenommen und einzelnen Beamten, die nicht wesentlich Rechtsverständige zu sein brauchen, übertragen werden.

Die Fassung des Vermerks bleibt nicht mehr, wie bisher, dem Hypothekenamte ohne Zuziehung der Partheien überlassen, woraus gleichfalls den Betheiligten, in Folge mangelhafter Eintragungen, oft Schaden und unnütze Kosten entspringen; sondern die Betheiligten selbst haben das, was sie eingetragen wissen wollen, bestimmt zu formuliren. Sie müssen mithin den einzutragenden Vermerk, in öffentlich glaubhafter Form, vorlegen; der Hypotheken-Buchführer schreibt ihn ein, vermerkt darauf: daß, wo und an welchem Tage die Eintragung geschehen, und unterschreibt und besiegelt diesen Vermerk. Damit ist zugleich das Hypothekeninstrument fertig; ein Duplikat behält er bei den Akten zurück.

Ein Haupterforderniß des Hypothekenbuchs ist, nach dem vorhin angegebenen Zwecke des Instituts, Uebersichtlichkeit. Diese entscheidet über die Form der Hypothekenbücher. Bekanntlich stehen in dieser Hinsicht zwei Systeme und zwei Meinungen sich gegenüber. Das eine System, das französische, will und hat Bücher, in welchen die Grundstücke nicht verzeichnet und beschrieben sind, sondern in welche die vorgelegten Urkunden, sowie sie von den verschiedenen Personen producirt werden, hintereinander eingeschrieben werden, mögen sie sich auf Grundstücke beziehen, auf welche sie wollen. Will nun Jemand, welcher ein Haus kaufen will, wissen: ob sein Verkäufer seinen Besitztitel hat einschreiben lassen und welche Hypotheken darauf haften; so muß er alle Bücher, bis zum Anfange der Verjährungszeit zurück, durchsehen. Das soll durch ein alphabetisches Namensregister vermittelt werden. Um danach aufsuchen zu können, muß er zuerst die Namen aller Vorbesitzer durch den ganzen Zeitraum wissen. Diese erfährt er dadurch, daß er sich von seinem Kontrahenten die Erwerbstitel vorlegen läßt, und sich von der ununterbrochenen Folge der Besitzer überzeugt. Nun muß er jeden Namen in dem Register aufsuchen und an den dabei verzeichneten Stellen in den Büchern nachlesen und die Gültigkeit der Geschäfte prüfen. Bei großer Aufmerksamkeit kann er dadurch über den Realzustand des Hauses Kenntniß erhalten, doch nur unter der Voraussetzung, daß das Register richtig und vollständig ist. Dafür giebt es keine andere Gewähr als die Zuverlässigkeit des Buchführers. Da aber Irren menschlich ist, so kann wol einmal auch ein Name oder ein Allegat nicht eingetragen sein. Diesen Büchern geht sonach die Uebersichtlichkeit ab.

Das andere System verlangt und hat Bücher, in welchen jedes Grundstück ein Blatt hat, auf welchem Alles, was dieses Grundstück betrifft, zusammengetragen ist und der Besitztitel für jeden neuen Besitzer berichtigt wird. In dieser Form werden bekanntlich die Preußischen Bücher geführt. Doch hat die Art der Führung auch ihnen die Uebersichtlichkeit genommen, in einem hohen Grade da, wo mehrere selbstständige Grundstücke auf einem gemeinschaftlichen Folium eingetragen stehen. Was man über Schaffung und Erhaltung der Uebersichtlichkeit bei solchen Folien grübelt, sie ist nicht möglich, wenn nicht alle einzelne Grundstücke immer gleichmäßig, wie ein Ganzes, belastet sind und bleiben. Die Belastung und Entlastung einzelner, die Zuschreibung neuer und Abschreibung alter Grundstücke, die Zerstükkelung eines oder des andern Grundstücks u. s. w. muß ein jedes derartiges Folium im Verlaufe der Zeit so verworren machen, daß nur ein langes Studium den wirklichen Zustand erkennen läßt. Deshalb ist das Zusammentragen mehrerer Grundstücke auf Ein Folium zweckwidrig; jedes Grundstück, groß oder klein, muß sein besonderes Folium haben. Das ist ausführbar, wenn die langen Vermerke bis auf das Nothwendige zur Benachrichtigung jedes Dritten, welchem daran gelegen, es zu erfahren, abgekürzt werden.

Große Schwierigkeit in dem Verkehr mit Grundbesitz und Hypotheken, sowie in der übersichtlichen Hypotheken-Buchführung, machen die Zerstückelungen. Soll der Zweck des Grundbuchwesens nicht verfehlt werden, so bleibt nur übrig, Trennstücke frei von allen eingetragenen Lasten und Hypotheken, oder doch mit Uebertragung gewisser Hypotheken unter Aufhebung der Correalität, abzuschreiben. Die freie Abschreibung ist in allen Fällen vorzuziehen. Sie ist zu ermöglichen entweder durch Löschung der Einträge auf dem ganzen Grundstücke vor der Abtrennung, oder durch Freilassung des Trennstückes von Seiten der Realberechtigten. Hierauf sind die vorgeschlagenen Vorschriften berechnet. Allein in vielen Fällen wird auf diesen Wegen das Ziel nicht zu erreichen sein. Für diesen Fall giebt es noch ein letztes Mittel: Zahlung des Kaufgeldes an die Realberechtigten. Dadurch wird das Trennstück ipso jure frei. Es handelt sich hierbei nur um die Ausführung. Bisher sind wir mit einem weitläufigen, langwierigen und kostspieligen Verfahren behaftet gewesen, weil das Prinzip der Gesetzlichkeit und der Beaufsichtigung die gründliche Ausmachung durch die Staatsbehörde gebot. Diese Einmischung der Staatsbehörde muß wegfallen; die Betheiligten mögen selbst ihr Rechtsgeschäft besorgen, uns genügt der Rechtssatz, wonach die rechtliche Wirkung ipso jure eintritt, wenn das Rechtsgeschäft gehörig vollzogen worden ist. Es bleibt also Sache der Betheiligten, die Zahlung des Kaufgeldes den Realberechtigten nach der Reihe anzubieten und auf diesem letzten Wege das Trennstück frei zu machen. Will Niemand die Zahlung annehmen, so ist das ein Beweis für die Zulänglichkeit der Sicherheit auch ohne das Trennstück und man wird den Konsens nicht versagen. Geschähe das gleichwohl, so mag man das Kaufgeld deponiren und einem Gläubiger kündigen, um es zur Befreiung des Trennstücks zu verwenden.

Ein Bedenken macht der Kostenpunkt, wenn ein Vermerk auf so viele Folien eingetragen werden soll. Das Bedenken läßt sich dadurch beseitigen, daß der Buchführer die Gebühren nur einmal, nach der Gesammtsumme, zu entnehmen hat.

Hypothekenscheine, den Dokumenten angehängt, würde ich nicht mehr aussertigen lassen, weil die Instrumente so einfach wie möglich sein müssen. Wer das Folium kennen lernen will, mag es einsehen oder sich einen Hypothekenschein pro informatione vorlegen lassen. Statt der Hypothekenscheine in der heutigen Form würde ich auch nur buchstäbliche Abschriften der Folien, ebenfalls in der tabellarischen Form des Foliums, geben lassen, damit der Buchführer gar nicht in den Fall kommen könnte, selbst etwas zu konstruiren.

Eine Schwierigkeit macht die Auflösung der jetzt vorhandenen und verstrickten gemeinschaftlichen Folien. In dieser Hinsicht wird sich nichts thun lassen, die Auflösung muß von der Zeit erwartet werden.

Zur Reinigung der Hypotheken von erloschenen Rechten ist die Annahme eines Rechtssatzes in Beziehung auf Rechte, welche sich lediglich auf bestimmte Personen beziehen und nicht für den Verkehr bestimmt sind, nothwendig; ich meine die Altentheile, die Ausstattungen, die Nießbrauchs- und Wohnungsrechte, die Leibrenten, Vorkaufsrechte u. dgl. Diese müssen nach Verlauf einer gewissen Zeit nach dem Tode des Berechtigten lediglich auf Grund des Todtenscheines, ohne Rücksicht auf mögliche Rückstände, gelöscht werden dürfen, und zwar ohne Produktion des Instruments und ohne Quittung oder Löschungsconsens.

Dies sind die Voraussetzungen und Grundsätze, auf welchen die entworfene neue Hypotheken-Ordnung beruhet. Es ist unvermeidlich gewesen, viele materielle Rechtssätze, wodurch das bestehende Pfand- und Hypotheken-Recht abgeändert und modificirt wird, aufzunehmen.

Bei einzelnen Bestimmungen sind die leitend gewesenen Rücksichten in Noten angedeutet. Nur über den in den §§ 143—146 vorgeschlagenen Cessionsmodus ist hier noch Einiges ausführlicher anzumerken. Dieser Modus ist eine Nachbildung des Hamburgischen Hypothekenrechts, welches bei den allgemeinen Vorbesprechungen mit einer gewissen Vorliebe als Muster vorgehalten wurde. Es hat nicht gelingen wollen, noch in andern Stücken dieses Stadtrecht nachzubilden. Was in der Stadt Hamburg ganz vortrefflich sein mag, paßt nicht für ein weit ausgedehntes Land. Deshalb ist auch die vorgeschlagene Cessionsform für uns nicht praktikabel. Man hat, von jener Seite her, darauf hingewiesen, daß ungeachtet dieser Cessionsform doch eine Menge Hamburger Hypotheken in den Händen von Ausländern, sogar von Amerikanern sich befänden, folglich in der Uebertragungsart keine Erschwerung des Verkehrs liegen könne. Doch beweiset diese Erscheinung, ihre thatsächliche Richtigkeit vorausgesetzt, noch nicht die Brauchbarkeit des Mittels für unsern Hypothekenverkehr. Denn es bleibt stehen, daß der Markt in einer einzigen Stadt ist, wo auch Auswärtige leicht verkehren, ihren Geschäftsträger halten und ihre Geschäfte auf der Hypothekenstube leicht besorgen lassen können. Das ist in einem Lande wie Preußen unausführbar. Soll der Verkehr mit Hypotheken nicht erschwert werden, so muß die bisherige Uebertragungsart unverändert bleiben, d. h. der Uebergang muß durch die Erklärung des Cedenten bewirkt werden und die Eintragung in das Hypothekenbuch kein nothwendiges Erforderniß sein. Alsdann kann der Inhaber einer Hypothek, wie jetzt, an jedem Orte die Post übertragen. Nur das ist nothwendig für unsern Zweck: es muß eine Form gefunden werden, welche das Anheften der langen notariellen Cessionsakte entbehrlich macht, sonst schaffen wir wieder die umfangreichen Hypotheken-Instrumente, an welchen wir gegenwärtig leiden. Ein hochstehender Staatsmann und Rechtsgelehrter hat den Gedanken, daß gedruckte Cessionsvermerke auf den Hypotheken-Dokumenten sich befinden könnten, welche von einem Notarius ausgefüllt und attestirt werden müßten. Man würde danach zu Hypotheken-Dokumenten gedruckte Formulare, wie zu Wechseln, verwenden. Das wäre gut und leicht ausführbar, aber doch nicht für alle Fälle passend. Denn es müssen noch andere Vermerke als Cessionen auf die Instrumente gesetzt werden können. Die gedruckten Formulare möchten daher zwar nicht anwendbar sein, aber die gedachte Form selbst ist diejenige, welche dem Bedürfnisse vollkommen entspricht. Der Cessionsakt würde, wie bisher, von einem Notar aufzunehmen aber nicht auszufertigen sein. Statt der Ausfertigung hätte der Notar auf das Instrument zu setzen:

Cedirt an den **N. N.**

Berlin, den 2c.

Dieser Vermerk, der zugleich die Eintragsformel für den Hypotheken-Buchführer ist, wenn man die Cession eintragen lassen will, wäre von dem Cedenten zu unterschreiben sowie von dem Notar zu vollziehen und mit dem Amtssiegel zu bestempeln. Die Eintragung der Cession bliebe dann, wie jetzt, der Willkühr des Cessionars überlassen; er hätte sich die Nachtheile beizumessen, welche daraus entstehen können, daß der Inhaber einer Post aus dem Hypotheken-Buche nicht zu ersehen ist.

Wer bessere Vorschläge zu machen weiß als dieser Entwurf bietet, wird eingeladen, solche kund zu geben.

Inhalt.

Erster Titel.

Von der Form und Einrichtung der Hypothekenbücher überhaupt.

§ 1. Die Hypothekenbücher sollen in ordentlichen fest und dauerhaft gebundenen Folio-Bänden von starkem Papier gehalten werden.

§ 2. Jedem Orte oder Distrikte ist ein besonderes Hypothekenbuch in der erforderlichen Anzahl von Bänden zu widmen.

§ 3. Alle in einem Orte oder Distrikte belegenen Grundstücke, welche besonders besessen, veräußert, oder mit Real-Verbindlichkeiten belegt werden können, müssen, ohne Rücksicht auf die verschiedenen Arten von Gütern, in das Hypothekenbuch des Orts ꝛc. eingetragen werden.

§ 4. Jedem Grundstücke muß in dem Hypothekenbuche sein besonderes Folium angewiesen werden.

§ 5. Mehrere einzelne Grundstücke eines und desselben Eigenthümers dürfen kein gemeinschaftliches Folium erhalten.

Wenn mehrere einzelne Grundstücke desselben Eigenthümers bereits ein gemeinschaftliches Folium haben, sei es, daß sie, zusammengenommen, ein Ganzes oder eine sogenannte Herrschaft ausmachen, oder daß sie als einzelne Grundstücke, ohne eine solche Verbindung, zusammengetragen sind; so hat es dabei so lange sein Bewenden, bis ein einzelnes Gut entweder abgetrennt oder für sich belastet wird, in welchen Fällen demselben ein besonderes Folium gewidmet werden muß.

Neue Zuschreibungen finden nicht mehr Statt, ausgenommen, wenn eine neue Erwerbung einem Gute als Bestandtheil einverleibt wird [1]).

§ 6. Die Eintragung in das Buch geschieht nach Nummern, welche, der Regel nach, von dem ersten der im Orte oder Bezirke belegenen Grundstücke bis zum letzten, in ununterbrochener Folge fortlaufen.

§ 7. Wo bisher schon gewisse Unterabtheilungen nach Kreisen, Aemtern ꝛc. üblich sind und jede solche Unterabtheilung ihre besondere Folge von Nummern hat, soll es dabei bewenden.

§ 8. Pertinenzstücke, welche zu gewissen Hauptgrundstücken geschlagen sind, und nur mit solchen zugleich besessen werden, erhalten keine besondere Nummer.

§ 9. Wenn aber das Hauptgut, zu welchem das Pertinenz-Stück gehört, in einem andern Bezirke belegen ist, so muß einem solchen Pertinenz-Stücke eine besondere Nummer beigelegt, und ein eigenes Folium im Hypothekenbuche angewiesen werden.

§ 10. Zu jedem Hypothekenbuche, worin Landgüter, die einen eigenen und beständigen Namen führen, eingetragen sind, muß ein alphabetisches Register, mit Beziehung auf die Nummern, oder Seitenzahlen, im Hypothekenbuche gehalten werden.

§ 11. Wenn ein Grundstück aus dem einen Bezirke in einen andern übergeht, so hat der bisherige Hypothekenbuch-Führer dem Neuen eine beglaubte Abschrift von dem Folio dieses Grundstücks, in dem bisherigen Hypothekenbuche, nebst den dazu gehörigen Belags-Akten, zur Uebertragung mitzutheilen.

§ 12. Die Hypothekenbücher sind künftig nach dem sub **A** beigefügten Schema einzurichten.

§ 13. Die bereits vorhandenen Hypothekenbücher können fortgeführt werden. Sobald aber, aus Mangel des Raums oder aus irgend einer andern Ursache, neue Bände erforderlich werden, sind sie nach dem Schema **A** einzurichten.

---

1) Die Nothwendigkeit dieser Bestimmung ergiebt sich aus der strengen Specialität und dem darauf gebauten Verkehr mit Hypotheken. Siehe unten No. 13.

§ 14. Das Hypothekenbuch eines jeden Grundstücks hat, wie das Schema **A** zeigt, außer dem Titelblatte, drei Haupt-Rubriken und jede derselben gewisse Kolonnen [1a]).

§ 15. Auf dem Titelblatte wird die Nummer, der Name, die Qualität des Grundstücks; der Kreis oder Distrikt, zu welchem es gehört; bei städtischen Grundstücken die Straße oder der Platz, wo es gelegen; und überhaupt die Kennzeichen, wodurch das Grundstück von andern gleicher Art und auch wol gleichen Namens unterschieden wird, vermerkt werden. Die Größe oder der Flächeninhalt wird nicht angegeben. Titelblatt.

§ 16. Pertinenz-Stücke und Gerechtigkeiten, welche zu einem Gute gehören, werden in dem Hypothekenbuche desselben nicht besonders vermerkt. Wenn aber selbige in in einem andern Bezirke liegen und also auch in einem andern Hypothekenbuche eingetragen sind, so müssen sie auf dem Titelblatte des Hauptgutes, mit Benennung des Bezirks, in welchem sie liegen, angeführt werden.

§ 17. Wenn zu einem Gute ein bisher dabei nicht befindlich gewesenes Pertinenz-Stück zugeschlagen worden, so wird solches unter der ersten Rubrike in der vierten Kolonne vermerkt.

§ 18. Abtrennungen werden ebendaselbst in der fünften Kolonne bemerkt [2]).

§ 19. In den Hypothekenbüchern, welche die vierte und fünfte Kolonne noch nicht haben, werden die Zu- und Abschreibungen unter der zweiten Kolonne eingetragen.

§ 20. Veränderungen, welche durch Regulirung guts-

1a) Das bisher gebräuchliche Formular würde ich im Wesentlichen beibehalten, um die vorhandenen Bücher nicht unbrauchbar zu machen. Was man gegen das Formular erinnert hat, ist nicht von besonderer Wichtigkeit. Nur in der 1sten Hauptrubrik würde ich noch 2 Kolonnen für die Zu- und resp. Abschreibungen beifügen.

2) Die zugefügte 4te und 5te Kolonne soll nur die Uebersicht erleichtern und gegen Weglassungen bei Ertheilung von Hypotheken-Scheinen oder bei dem Abschreiben des Fol. sichern. Wird der Zweck oder das Mittel nicht gebilligt, so bleibt die Erste Rubrik unverändert.

1*

herrlich=bäuerlicher Verhältnisse ohne wirkliche Verminderung der Substanz eintreten, werden ferner nicht eingetragen. Ablösungen gegen Kapitalsentschädigung sind in der 5ten Kolonne einzutragen.

Erste Rubrik.

§ 21. Unter der ersten Haupt=Rubrike und der ihr untergeordneten ersten Kolonne wird der Vor= und Zuname, Stand, Titel oder Character des Besitzers verzeichnet.

§ 22. Unter der zweiten Kolonne wird die Erwerbungsart angegeben.

§ 23. Unter der dritten Kolonne wird der Preis, wofür das Grundstück erworben worden ist, ausgeworfen.

§ 24. Die Eintragung der Taxen findet nicht statt. [3])

Zweite Rubrik.

§ 25. Unter der zweiten Haupt=Rubrike werden die auf einem Grundstücke haftenden beständigen Lasten und Real=Verbindlichkeiten verzeichnet.

§ 26. Unter den einzutragenden beständigen Lasten oder Abgaben sind keinesweges zu verstehen gemeine Lasten und Pflichten, welche nach der Verfassung des Ortes, des Kreises oder der Provinz, von allen Grundstücken derselben Art an den Staat, die Kommune, die Grundherrschaft, die Kirche oder Geistlichkeit zu entrichten sind, als: Kontribution, Lehns=Canon, Steuern, Dienste, Servis, Feuer=Societätsgelder, Hufen= und Giebelschoß, Decem, Kirchen=, Pfarr= und Küstergebühren, und andere nachbarliche Prästationen.

§ 27. Dagegen gehören in das Hypothekenbuch solche beständige Lasten, die auf ein Grundstück durch einzelne Verträge, Stiftungen, Vermächtnisse, oder sonst, vermöge eines speciellen Titels, gelegt sind, als: Erbzins= oder Erbpacht=Gelder, Geld= oder Kornzinsen; Renten und andere Hebungen, welche gewissen einzelnen, oder auch juristischen Personen, Kirchen, Klöstern, oder andern milden Stiftungen, von einem solchen Grundstücke gebühren.

---

3) Der Zweck des Hypothekenbuchs ist nicht Feststellung oder Nachweisung des Werths, weil dieser Zweck unerreichbar ist. Deshalb muß die Füllung der Hypothekenbücher mit unzweckmäßigen Einschreibungen unterbleiben.

§ 28. Unter die Real-Verbindlichkeiten, welche bei dieser Rubrike zu vermerken, gehören alle diejenigen, wodurch die Befugniß des Besitzers, mit dem Grundstücke zu disponiren, auf eine oder die andere Art eingeschränkt wird, z. E. Lehnbarkeit, die Qualität eines Fideicommisses, Majorats- oder Seniorats-Substitution, Näherrecht; Wiederkaufs- oder Vorkaufsrechts, Vorbehalt eines bessern Käufers; Verträge oder andere rechtliche Verfügungen, wodurch Jemanden der Gebrauch, die Nutznießung, die Wohnung, oder andere dergleichen, das Eigenthum des Besitzers und dessen Wirkungen beschränkende Befugnisse auf das Grundstück beigelegt worden.

§ 29. Verträge hingegen, wodurch die Disposition des Besitzers, weder über das Grundstück selbst, noch über einen gewissen Antheil desselben (partem quotam) eingeschränkt, sondern nur Jemandem auf einen Theil seines Werths ein dergleichen Recht constituirt wird, z. E. wenn der Verkäufer sich wegen rückständiger Kaufgelder das Eigenthum vorbehält, wenn ein Lehnsstamm, oder ein Geld-Fideikommiß auf ein Grundstück gelegt wird, sind nicht unter dieser, sondern unter der folgenden dritten Rubrike einzutragen.

§ 30. Wenn sich Jemand gegen ein dem Besitzer gemachtes Darlehn den Natural-Besitz und Genuß des Grundstücks hat anweisen[4]) lassen; so wird das Darlehn zwar unter der dritten Rubrike, gehörigen Orts, eingetragen; das Abkommen aber, vermöge dessen dem Gläubiger der Besitz und Genuß des Grundstücks zukommt, wird unter der zweiten Rubrike vermerkt.

§ 31. Die auf einem Grundstücke haftenden Real-Servituten werden, selbst auf Antrag der Interessenten, nicht eingetragen [5]).

---

4) Hier sind die Worte: „auf eine nach den Gesetzen zulässige Art" weggelassen, weil sie nach der Aufgebung des Gesetzlichkeitsprinzips nicht mehr passen. Daß das Rechtsgeschäft gesetzlich zulässig sein müsse, versteht sich von selbst, doch hat das der H. B. F. nicht zu prüfen.

5) Da durch die bisher fakultative Eintragung die Geltung der Servituten nicht bedingt wurde, so ist die Eintragung eine unzweckmäßige Füllung des Hypothekenbuchs. Mir scheint die Eintragung der

§ 32. Unter die Kolonne „Veränderungen" werden auch die Veränderungen, welche mit den eingetragenen Abgaben, Renten oder Lasten, in Folge von Ablösungen, Umwandlungen oder sonst vorgehen, eingetragen.

§ 33. Wo die Kolonne „Veränderungen" noch fehlt, muß ein solcher Vermerk unmittelbar hinter die letzte Post gesetzt und bei der betreffenden Hauptpost ein in die Augen fallendes Zeichen gemacht werden, mit welchem auch der hinter die letzte Post zu setzende Vermerk unter Beifügung der Bezugszahl auf die Hauptpost zu setzen ist.

Dritte Haupt-Rubrik.

§ 34. Unter der dritten Haupt-Rubrike werden alle übrigen Schulden, mit welchen ein Grundstück behaftet ist, und die nach obigen Bestimmungen in die zweite Rubrike nicht gehören, sie mögen Namen haben wie sie wollen, eingetragen.

§ 35. Es sind also dahin alle mit ausdrücklicher Hypothek versehene Darlehne; die unter Vorbehalt des Eigenthums oder gegen Hypothekbestellung gestundeten Kaufgelder; alle stillschweigende und gesetzliche Titel zu Hypotheken, Bürgschaften, Vormundschafts-, Amts- und andere Kau-

---

Servituten für die Zwecke des Hypothekenbuchs nicht nöthig, d. h. ich würde die Bestimmung der Hypotheken-Ordnung, wonach die Eintragung zur Entstehung und Geltung der Servitute unnöthig ist, beibehalten. Eine andere Frage ist es: in wieweit Rechte, welche kein äußeres Merkmal haben und deshalb nicht erkennbar sind, als dingliche gelten können. Läßt man nur äußerlich erkennbare Servituten gelten, so treffen alle Gründe, welche man für die Nothwendigkeit der Eintragung angegeben hat, nicht zu. Der Hauptgrund ist Sicherheit für die, welche Realcredit geben. Diese ist jedoch ungefährdet, wenn man nur nicht verlangt, daß der Hypothekennehmer besser gestellt sein soll als der Eigenthumserwerber. Wer ein Grundstück kaufen will, wird es sich doch wol ansehen und sich aus Taxen, Beschreibungen, Nachfragen u. s. w. informiren. Thut er das nicht, so darf er sich über keinen Andern beklagen, wenn er z. B. eine Wasserleitung über seinen Hof findet und unangerührt lassen muß. Warum soll ein Hypotheknehmer nicht das Gleiche thun müssen, wenn er sich vorsehen will?

Die Nichteintragung der Servituten hat noch einen anderen Vortheil: die Erlöschung durch Nichtgebrauch tritt wieder in ihre volle Wirksamkeit.

tionen zu rechnen. Auch Altentheile oder Auszüge sind hier einzutragen, wenngleich darin bestimmte Nutzungs- oder Wohnungsrechte begriffen sind.

§ 36. Unter die Kolonne von „Cessionen" werden nicht nur Cessionen im genauern Verstande, sondern auch die Verpfändungen solcher Hypotheken-Kapitalien notirt.

§ 37. Unter eben diese Kolonne gehört auch, wenn der Inhaber einer eingetragenen Forderung einem andern hinter ihm stehenden Mitgläubiger, zur Verbesserung der Sicherheit desselben, die Priorität einräumt, so wie auch der Vermerk über die Ausfertigung eines neuen Instruments an Stelle des amortisirten.

§ 38. Endlich gehört noch unter diese Kolonne, wenn eine auf ein Grundstück bereits eingetragene Post in Pfandbriefe oder andere auf den Inhaber lautende öffentliche Papiere umgeschrieben wird. Werden alle schon eingetragene Posten in Pfandbriefe umgeschrieben, oder wird den Pfandbriefen der Vorzug vor den stehen bleibenden Hypotheken eingeräumt; so können auch die umzuschreibenden Posten gelöscht und die Pfandbriefe in der ersten Kolonne eingetragen werden. Neu ausgefertigte Pfandbriefe werden, gleich andern hypothekarischen Darlehnen, unter die erste Kolonne dieser Rubrike eingetragen.

§ 39. Unter die dritte Kolonne „Löschungen" wird vermerkt, wenn eine Hypothek[6]) wieder aufgehoben worden.

§ 40. Wird hingegen nur ein von dem Inhaber einer solchen ingrossirten Forderung einem Dritten darauf konstituirtes Realrecht getilgt; so wird solches nicht unter der Kolonne „Löschungen," sondern unter eben der Kolonne, wo das konstituirte Realrecht selbst eingetragen war, notirt, und beide Vermerke werden darauf roth unterstrichen.

§ 41. Die unter der dritten Rubrik auf jedem Gute eingetragenen einzelnen Posten werden mit fortlaufenden Zahlen bezeichnet.

---

6) Die Aufzählung der Tilgungsarten, scheint unnöthig.

Grundakten.

§ 42. Von jedem Grundstücke werden besondere Grundakten gehalten, in welchen alle dasselbe Grundstück betreffende Schriften und Vermerke zu sammeln sind.

§ 43. Die den Grundakten bisher vorgehefteten Hypotheken-Tabellen fallen weg [7]).

Amt des Ingrossators.

§ 44. Zum Einschreiben in das Hypothekenbuch muß in jedem Gerichtsamts-Bezirke ein besonderer Beamte ein für alle Mal bestellt werden.

§ 45. Dieser Hypothekenbuch-Führer oder Ingrossator muß die Bücher selbst in seiner Aufsicht und in seinem Verschluß haben, dergestalt, daß ohne ihn Niemand dazu gelangen, folglich er auch für deren unverfälschte Richtigkeit zu allen Zeiten einstehen könne.

§ 46. Er ist verpflichtet, auf Verlangen Jedem die Bücher vorzulegen und ihm deren Einsicht zu verstatten, oder schriftliche Auszüge daraus zu geben [8]).

§ 47. Zur Aufbehaltung der Bücher selbst muß ein sicheres, und, so viel als möglich, gegen Feuersgefahr und andere Unglücksfälle verwahrtes Behältniß angewiesen werden.

Verantwortlichkeit desselben.

§ 48. Die Ingrossatoren müssen für die Richtigkeit ihrer Bücher und dafür, daß ihnen die eingetragenen Vermerke in öffentlich glaubhafter Form vorgelegt worden sind [9]), haften.

§ 49. Sie sind verpflichtet, die ihnen in öffentlich glaubhafter Form vorgelegten Eintragungs-Formeln, welche entweder von den einwilligenden Betheiligten, oder von dem Richter vorgeschrieben sein müssen, wörtlich einzuschreiben, und nur schuldig, zu prüfen: ob die Vorschrift von einem, nach den folgenden Bestimmungen, dazu Berechtigten gegeben wird; sie sind aber nicht schuldig, die Gültigkeit und

---

7) Der Zweck selbst, nämlich die Informirung des Decernenten und Kollegiums, fällt weg.

8) Dadurch sind die §§ 72—74. der H. O. abgeschafft. Die bisherige Publicität war gar keine.

9) Vergl. unten Note 11.

Rechtsbeständigkeit der eingetragenen Handlungen selbst zu prüfen oder zu vertreten [10]).

Zweiter Titel.

Von Verwaltung des Hypotheken-Wesens und Führung der Bücher.

§ 50. Die Führung der Hypothekenbücher wird in den Landestheilen, wo sie bisher den Gerichten anvertraut gewesen ist, besonders anzustellenden Hypothekenbuch-Führern oder Ingrossatoren aufgetragen.

§ 51. Dieselben haben dabei nach den hier folgenden Vorschriften zu verfahren.

Erster Abschnitt.

Von dem Verfahren in Hypotheken-Sachen überhaupt.

§ 52. Die Anträge auf Eintragung eines Vermerks können bei dem Ingrossator schriftlich oder mündlich angebracht werden.

§ 53. Alle dergleichen Gesuche sind auf der Hypotheken-Stube abzugeben oder anzumelden. Ueber die mündliche Anmeldung bedarf es der Aufnahme eines Protokolls nicht, ausgenommen bei Cessionen.

§ 54. Der Ingrossator muß auf den schriftlichen Antrag und auf die demselben beiliegenden Eintragungs-Formeln, so wie auf die mit einem mündlichen Antrage vorgelegten Eintragungs-Formeln, den Tag und die Stunde, wo ihm solche zugestellt worden, genau und richtig bemerken und diesem Vermerke seinen Namen beifügen.

§ 55. Sodann wird der schriftliche oder mündliche Antrag, unter Verzeichnung der vorgelegten Urkunden, in das Register eingetragen.

---

10) Diese Bestimmung hebt das Legalitäts-Prinzip auf und verändert die §§ 76—81. der bisherigen H. O. gänzlich.

Das Register wird nach dem beigefügten Schema **B** geführt. Die Eintragung geschieht nach fortlaufenden Nummern durch ein ganzes Jahr. Die Nummer wird auf dem schriftlichen Gesuche und auf den vorgelegten Urkunden, bei dem Präsentatum, erzeichnet.

§ 56. Der Ingrossator muß genau prüfen: ob die Eintragungs-Formel die gerichtliche oder notarielle Form habe; ob die Eintragungs-Vorschrift entweder von dem Richter oder von Demjenigen gegeben sei, welcher dazu nach dem Hypothekenbuche oder den vorgelegten Urkunden über das Geschäft berechtigt ist; und bei Cessionen: ob der Cedent seiner Person nach bekannt sei oder seine Identität gehörig nachgewiesen habe [11]).

§ 57. Wird eine Cession durch einen Mandatarius angebracht, so muß auch die Vollmacht geprüft werden: ob sie notariell ausgestellt und vollzogen sei, und zu der Cession wirklich ermächtige.

§ 58. Wegen eines Mangels in den innern Erfordernissen der Eintragungs-Formel darf die Eintragung nicht verweigert werden. Die Wirksamkeit einer solchen Eintragung hat der Hypothekenbuch-Führer nicht zu vertreten.

§ 59. Findet sich ein Mangel in der Legitimation des Ausstellers oder des Cedenten, so unterbleibt die Eintragung und die vorgelegten Urkunden sind Demjenigen, welcher sie vorgelegt hat, mittelst einer einfachen Note zurückzusenden.

§ 60. Ist nichts zu erinnern, so muß die Einschreibung in der kürzesten Frist erfolgen. Cessionen müssen sogleich, in Gegenwart des Cedenten oder dessen Stellvertreters, eingetragen werden.

§ 61. In jeder Eintragungs-Formel kann nur eine Post oder ein Geschäft enthalten sein.

§ 62. Eine jede Formel hat der Ingrossator, am gehörigen Orte, wörtlich, doch mit Weglassung der Unterschriften, einzuschreiben.

---

11) Diese Prüfung scheint nothwendig zu sein, wenn nicht Betrügereien vorfallen oder die Eintragungen ganz bodenlos sein sollen.

§ 63. Werden dem Hypothekenbuch-Führer mehrere Vorschriften von einerlei Art, und eben dasselbe Grundstück betreffend, in einem und demselben Gesuche, oder zwar in verschiedenen Anträgen aber gleichzeitig vorgelegt, z. E. wenn mehrere Darlehns-Posten auf das nämliche Gut eingetragen werden sollen; so muß er die Eintragung nach der Ordnung, welche in den Formeln durch deren Numerirung oder sonst angegeben ist, verrichten. Fehlt es an einer solchen Bestimmung, so geschieht die Einschreibung in willkührlicher Ordnung.

Die Eintragung ungleichzeitig eingegangener Formeln geschieht nach der Zeitfolge.

§ 64. Das Einschreiben selbst muß vollkommen deutlich und leserlich geschehen; Abkürzungen und Rasuren müssen dabei sorgfältig vermieden, und Summen oder Quanta mit Zahlen und Buchstaben zugleich ausgedrückt werden.

§ 65. Die Vermerke in jeder Kolonne müssen dergestalt dicht aneinander geschrieben werden, daß zu Einschiebungen und Zwischen-Eintragungen kein Raum übrig bleibe.

§ 66 Nach erfolgter Einschreibung muß der Hypotheken-Buchführer auf dem Duplikat der Eintragungs-Formel, bei Cessionen auf dem Protokolle, die Eintragung, den Band und das Blatt des Hypotheken-Buchs, wo sie geschehen; und das Datum der Ingrossation vermerken, mit den Worten:

Eingetragen Vol. I, pag. 177. Berlin den rc.

N. N.

§ 67. Diese Registratur wird von dem Hypothekenbuch-Führer eigenhändig auf das Erste Exemplar der Eintragungs-Formel gesetzt, unterschrieben und mit seinem Amtssiegel bestempelt.

§ 68. Hypothekenscheine **in vim recognitionis** werden über keine im Hypotheken-Buche geschehene Einschreibung ausgefertigt. Wer sich über den Realzustand eines Grundstücks oder über den Stand einer Hypotheken-Post unterrichten will, muß das Hypotheken-Buch einsehen oder eine beglaubte Abschrift des Foliums verlangen.

§ 69. Wenn die Eintragung gehörig bewerkstelligt ist, so händigt der Hypotheken-Buchführer das Haupt-Exemplar der Eintragungs-Formel mit den beigelegten Urkunden demjenigen, welcher die Urkunden vorgelegt hat oder an welchen die Aushändigung von ihm gebeten worden ist, gegen Entrichtung der Gebühren aus.

§ 70. Das Duplikat der Formel, auf welchem verzeichnet wird, an wen die Instrumente ausgehändigt worden, wird zu den Grundakten genommen.

Zweiter Abschnitt.

Von dem Verfahren bei Berichtigung und Eintragung des Besitztitels.

Zwang zur Besitz-Berichtigung.

§ 71. Derjenige, auf dessen Namen der Besitztitel eines Grundstücks in dem Hypotheken-Buch eeingetragen steht, ist dadurch legitimirt, über dieses Grundstück Verfügungen bei dem Hypotheken-Buche vorzunehmen.

§ 72. Wenn also ein Besitzer, dessen Titel aus dem Hypotheken-Buche noch nicht erhellet, etwas auf ein Grundstück eintragen lassen will; so muß solches von dem Ingrossator, bei eigener Vertretung, nicht angenommen werden.

§ 73. Den Antrag auf Berichtigung des Besitztitels kann nicht blos der Besitzer, sondern auch jeder Andere bei dem Hypotheken-Buchführer anbringen.

§ 74. Jeder, welcher dabei ein rechtliches Interesse hat, kann, wenn er nicht selbst die Angelegenheit, mit Vorbehalt des Regresses wegen Kostenersatzes, betreiben will, den Besitzer zur Berichtigung seines Besitztitels durch den Richter anhalten lassen

§ 75. Es ist nicht nothwendig, daß für jeden zwischen dem letzten eingetragenen und dem neu einzutragenden Besitzer vorhandenen Zwischenbesitzer der Besitztitel besonders eingetragen werde; es muß dann aber in der Eintragungs-Formel aller dieser Zwischenbesitzer Erwähnung geschehen.

Was man zur Berichtigung des

§ 76. Wer seinen Besitztitel in dem Hypotheken-Buche berichtigen lassen will, muß dem Hypotheken-Buchführer die Eintragungs-Formel in zwei Exemplaren, und das derselben zum Grunde liegende Erwerbungs-Instrument in Original übergeben. Besitztitels zu thun habe.

§ 77. Der Hypotheken-Buchführer hat nur darauf zu sehen, ob derjenige, von welchem der neue Besitzer das Grundstück erworben haben will, als Besitzer eingetragen, oder doch als ein Zwischenbesitzer gehörig und auf Grund eines beigelegten Erwerbungs-Instruments in der Formel bezeichnet sei. Wenn der Besitz auf einem Kontrakt beruhet; oder

§ 78. Dergleichen Instrumente dürfen nicht anders zur Eintragung angenommen werden, als wenn sie entweder vor Gerichten, oder vor einem Notar und Zeugen aufgenommen oder anerkannt worden sind.

§ 79. Die Eintragungs-Formel muß von dem Gerichte oder Notar selbst verfaßt und das eine Exemplar auf das Erwerbungs-Instrument gesetzt sein.

§ 80. Die Eintragungs-Formel muß enthalten:

1. den Vor- und Zunamen, Stand und Character des Besitzers,
2. die Benennung und das Datum des Erwerbstitels,
3. den Erwerbspreis,
4. Ort und Datum,
5. die Unterschriften der Parteien,
6. die Unterschrift und das Amtssiegel des Gerichts oder Notars,

und zwar in Form des Schema **A, Rubr. I.**

Die Unterschrift der Parteien fällt weg bei den Formeln, welche ein Gericht vorschreibt.

§ 81. Die Notare haben, bei Abschließung oder Anerkennung eines Veräußerungs-Geschäfts vor ihnen, die Eintragungs-Formel, falls der Veräußerer in die sofortige Berichtigung des Besitztitels willigt, gleichzeitig mit dem Rechtsgeschäfte selbst vollziehen zu lassen, wenn auch die Uebergabe noch nicht geschehen ist [12]).

12) Durch die Disposition des Käufers vor der Uebergabe könnte nur der Verkäufer leiden. Dieser läßt sich solches gefallen, wenn er die Formel unterschreibt und dadurch in die Einschreibung willigt.

§ 82. Die Uebersendung einer Abschrift des Veräußerungs-Vertrags an den Hypotheken-Buchführer, und die Benachrichtigung der Gläubiger von der erfolgten Veräußerung fällt weg. Dagegen muß jeder Besitzer, welcher seinen Besitztitel nicht vor Insinuation der Klage hat eintragen lassen, sich die Vollstreckung des gegen den eingetragenen Besitzer von Seiten eines Hypothekargläubigers erstrittenen Urtels wegen Kapitals, so wie wegen Zinsen, in das Grundstück ohne Weiteres gefallen lassen. Auch der eingetragene Besitzer kann die Einlassung auf die gegen ihn angebrachte Klage, wegen des Kapitals oder wegen der Zinsen, durch die Nomination des neuen, noch uneingetragenen Besitzers, nicht ablehnen.

§ 83. Gründet der neue Besitzer seinen Titel nicht auf ein Geschäft unter Lebendigen, sondern auf eine letztwillige Verordnung; so kommt es darauf an: ob er hierin zum Erben eingesetzt, oder ob ihm das Grundstück nur unter einem singularen Titel zugewendet worden.

§ 84. Letzterenfalls findet die Berichtigung des Titels auf den neuen Besitzer nicht anders statt, als wenn eine von dem Erben mit unterschriebene notarielle Eintragungs-Formel, welche auf Grund der von dem legitimirten Erben zu erklärenden Einwilligung in die Besitzübertragung abzufassen ist, und ein Legitimations-Attest für den Erben, so wie ein Auszug aus dem Testamente für den Legatar vorgelegt wird.

§ 85. Ist aber Jemand durch Vertrag oder Testament zum Erben eingesetzt, so darf der Hypotheken-Buchführer nur eine von dem zuständigen Landesgerichte, auf Grund des ihm vorgelegten Erbvertrages oder Testaments ausgefertigte, Eintragungs-Formel über die Berichtigung des Besitztitels einschreiben.

auf Mitbelehnschaft oder Expectanz; oder

§ 86. Gründet sich der neue Besitzer auf eine Mitbelehnschaft, oder Expectanz, oder Fideikommiß-Folge; so hat er sich bei dem Lehnshofe oder Fideikommiß-Gerichte zu legitimiren. In diesem Falle hat das Gericht die Eintragungs-Formel abzufassen, welche dem Buchführer zur Einschreibung vorzulegen ist.

§ 87. Das Gleiche gilt, wenn der neue Besitzer sich auf eine Intestat-Erbfolge gründet. auf eine Intestat-Erbfolge.

§ 88. Haben mehrere Erben Theilung unter sich gehalten und darin das Gut Einem unter ihnen oder einem Fremden übereignet, und soll für diesen der Besitztitel berichtigt werden; so ist dem Buchführer eine nach dem Schema **A** verfaßte notarielle Eintragungs-Formel, das Erbeslegitimations-Attest und der Theilungs-Act vorzulegen.

§ 89. Wenn Neben-Verträge oder letztwillige Verordnungen das Eigenthum des Besitzers und dessen Befugniß, mit dem Gute zu disponiren, einschränken und also, nach der Bestimmung § 28, zur Eintragung unter die zweite Haupt-Rubrike des Hypotheken-Buchs geeignet sind; so müssen die Betheiligten selbst für die Eintragung ihrer Rechte sorgen, widrigenfalls sie davon gegen einen redlichen Dritten keinen Gebrauch machen können. Der Hypotheken-Buchführer darf ohne Antrag und ohne Empfang einer Eintragungs-Formel keine Eintragung verrichten. Von Neben-Verträgen und Dispositionen.

§ 90. Ist in einem Vertrage einem Betheiligten oder Dritten ein dergleichen Recht, oder eine Hypothek wegen rückständiger Kaufgelder oder Abfindungen, bestellt oder vorbehalten; so muß der instrumentirende Notar, auf Verlangen sogleich, bei Vollziehung des Instruments, über ein jedes Recht und über eine jede einzutragende Post, eine besondere Eintragungs-Formel verfassen und von den Betheiligten mit vollziehen lassen.

Die Eintragungs-Formeln über Altentheile und andere Natural-Leistungen oder Vortheile, sollen das Recht nur im Allgemeinen, ohne Aufzählung der einzelnen Bestandtheile, unter Bezugnahme der betreffenden Stellen des Dokuments, angeben.

§ 91. Den Berechtigten bleibt es überlassen, diese Eintragungs-Formeln gleichzeitig mit der Besitztitel-Formel für den neuen Besitzer vorzulegen; sie können jedoch dem Notar auftragen, die gleichzeitige Vorlegung sämmtlicher Formeln zur Eintragung zu besorgen.

§ 92. Ist in einer letztwilligen Verordnung ein solches

Recht oder ein anderes Legat auf ein Gut angewiesen, oder will ein Legatar das ihm bestimmte Vermächtniß eintragen lassen; so hat das Gericht oder der Notar, bei welchem die publizirte Verordnung befindlich ist, dem Legatar die Eintragungs-Formel, auf dessen Antrag, auszufertigen.

§ 93. Der Hypotheken-Buchführer muß ein solches Legat auf dasjenige Grundstück des Erblassers eintragen, welches der Berechtigte unter den zum Nachlasse gehörigen mehreren Grundstücken bezeichnet. Die Eintragung auf mehrere Grundstücke ist nicht zulässig; der Legatar kann aber die ihm vermachte Summe auf mehrere Grundstücke vertheilen und sich über jeden Theil eine besondere Formel ausfertigen lassen.

§ 94. Daß der Besitztitel für den Erben noch nicht berichtigt, hindert die Eintragung eines Legats nicht, vorausgesetzt, daß der Erblasser eingetragener Besitzer ist.

Wenn mehrere Güter zugleich verkauft, oder

§ 95. Mehrere Güter, die einerlei Eigenthümern gehören, können in einem Instrumente, auch in einer zusammengezogenen Kaufsumme, verkauft, es muß aber, Behufs Berichtigung des Besitztitels, für jedes Folium eine besondere Eintragungs-Formel vorgelegt werden.

einzelne Theile von Gütern veräußert werden.

§ 96. Die Abtrennung und besondere Veräußerung einzelner Stücke oder Pertinenzien eines belasteten Gutes, oder einzelner Güter einer belasteten Herrschaft, ist anders nicht zulässig, als entweder mit Einwilligung sämmtlicher aus dem Hypotheken-Buche ersichtlichen Realberechtigten, und zwar bei zinspflichtigen oder dem Heimfall unterworfenen Rustikalgründen mit Einschluß des Grundherrn, oder nach vorheriger gänzlicher Befreiung des Gutes von den darauf eingetragenen Lasten, insoweit die Einwilligung nicht erlangt wird; und in jedem Falle nur in notarieller Form[13]),

13) Anders läßt sich das Hypothekenwesen nicht in Ordnung halten, und das Recht Dritter gegen Verdunkelung oder Verlust, wenigstens Schmälerung, nicht schützen. Die Uebertragung der eingetragenen Posten auf das Trennstück kann eines theils dem Buchführer nicht ohne Aufsicht überlassen bleiben und anderntheils ist sie gegen das Prinzip der conjunctiven Verpfändungen, ohne welches Prinzip die gewünschte Einfachheit im Verkehr nicht zu erreichen ist.

bei Strafe der Nichtigkeit. Die Zahlung des ganzen Kaufgeldes an den ersten oder, wenn dieser sie nicht annimmt, den folgenden Gläubiger macht das Trennstück von selbst frei. Uebertragungen ohne Löschung auf dem Hauptgute finden nicht Statt.

§ 97. Kein Notar darf, bei Strafe der Nichtigkeit und 5 — 50 Rthlr. Geldbuße, einen Vertrag, wodurch ein Theil oder ein Pertinenz eines belasteten Grundstücks veräußert wird, aufnehmen, bevor ihm nicht

1. die Einwilligungen sämmtlicher noch eingetragener Real-Berechtigten, oder die Quittungen der Bezahlten,
2. die Instrumente derselben

vorgelegt worden sind. Es ist seine Sache, sich aus dem Hypotheken-Buche von allen zur Zeit der Kontraktsaufnahme eingetragenen Berechtigten Kenntniß zu verschaffen.

§ 98. Erfolgt in der Zwischenzeit, von Aufnahme des Vertrages bis zur Vorlegung der Eintragungsformeln bei dem Hypotheken-Buchführer, eine neue Eintragung auf das Grundstück, so ist dadurch die Ausführung des Geschäfts vereitelt, bis der neu eingetragene Berechtigte eingewilligt oder in die Löschung seiner Post consentirt hat, oder die neue Eintragung in Beziehung auf den Parzelen-Erwerber, aus einem rechtlichen Grunde, für unkräftig erklärt worden ist.

§ 99. Der Notar, welcher einen solchen Vertrag aufnimmt, hat gleichzeitig folgende Eintragungsformeln zu verfassen und vollziehen zu lassen:

1. über die Abschreibung des Trennstücks in folgender Form:

   Abschreibung eines Trennstücks bei dem Grundstücke № 5 zu Allpenried.

   „Der Besitzer N. hat mittelst Kontrakts vom 18. März 1848 ein Ackerstück in dem Niederfelde abgetrennt und an den Ackersmann Peter N. N. für 500 Rthlr. verkauft."

   Berlin den

2. über die neue Eintragung des Trennstücks auf ein besonderes Folium, ganz nach dem Schema **A**, welches, wie folgt, auszufüllen ist:

   Auf dem Titelblatte:

№ 15.

Ein Ackerstück in dem Niederfelde

hat

Unter Rubr. I:

Der Ackermann Peter N. N. zu N.
von dem Vorbesitzer N. N. mittelst Kontrakts vom 18. März 1848 für . . . . 500 Rthlr. schr. fünfhundert Thaler gekauft.

Berlin, den

Unterschriften.

Beide Formeln werden auf ein und dasselbe Blatt hintereinander geschrieben.

Hat der Erwerber erklärt, daß er das Trennstück einem andern in derselben Feldmark liegenden Grundstücke einverleibe, so lautet die Formel 2 wie folgt:

Zuschreibung auf dem Folium № 6 zu Alpenried.
„Der Besitzer Peter N. N. hat diesem Gute ein, mittelst Kontrakts vom 18. März 1848, dem N. N. für 500 Rthlr. schreibe ꝛc. abgekauftes, Ackerstück im Niederfelde einverleibt.

Berlin, den

Unterschriften.

3. über die etwa einzutragenden rückständigen Kaufgelder.

§ 100. Der Notar hat ferner auf den ihm mit der Einwilligung vorgelegten Dokumenten die Abtrennung mit den Worten zu vermerken:

„Von dem Gute N. N. ist ein Ackerstück im Niederfelde den 18. März 1848 abgetrennt und für 500 Rthlr. an den N. N. verkauft worden.

Berlin, den

Unterschrift und Siegel.

Hiervon muß in dem Vertrage Erwähnung geschehen, bei Strafe der Nichtigkeit.

§ 101. Soll eine Post auf dem Hauptgute ganz gelöscht und auf das Trennstück übertragen werden, so setzt der Notar unter das Dokument folgende Eintragungsvorschrift:

Auf dem Folium des Grundstücks № 6 zu Alpenried, Bd. I. p. 182, Rubr. III, Colonne „Löschungen", gegenüber von № 4 ist einzuschreiben:

„500 Rthlr. ad № 4, Fünfhundert Thaler sind gelöscht.

Berlin, den "

Sodann ist auf dem neuen Folium des Ackerstücks im Mittelfelde, № 15, Rubr. III № 1 einzutragen:

„500 Rthlr. schr. ꝛc. zu 5 pC. verzinsliches Darlehn aus der Verschreibung des N. N. vom .... sind, nachdem sie auf dem Grundstücke № 6 gelöscht worden, hier eingetragen."

Berlin, den

Die Kontrahenten und der Gläubiger haben diese Vorschrift mit dem Notar zu vollziehen. Ist der Gläubiger abwesend, so geschieht, statt seiner Unterschrift, der besondern Einwilligung desselben, von dem Notar Erwähnung.

Das Duplikat wird auf einem besondern Blatte ausgefertigt.

§ 102. Dem Notar liegt, bei eigener Vertretung, ob, die Ausfertigung des Vertrages und die Eintragungsformeln mit den Dokumenten und Einwilligungen oder Quittungen dem Hypotheken-Buchführer in der kürzesten Frist vorzulegen und auf die Eintragung beziehlich Löschung zu bringen.

Die Betheiligten haben, nach Vollziehung des Kontrakts, kein Widerspruchsrecht dagegen.

§ 103. Der Hypotheken-Buchführer hat zu prüfen: ob alle noch eingetragene Realberechtigte eingewilligt oder quittirt haben; ob solches auf deren Dokumenten vermerkt und ob dessen in dem Vertrage Erwähnung geschehen ist. Findet er dabei einen Mangel, so unterläßt er die Eintragung und giebt die Dokumente dem Notar mittelst einer Note zurück.

§ 104. Ist nichts zu erinnern, so verrichtet er schleunig die Einschreibung und Löschung nach Vorschrift dieses Gesetzes und stellt die Instrumente, gegen Entrichtung der Gebühren, dem Notar wieder zu.

§ 105. Die Aushändigung der Dokumente an die Betheiligten liegt dem Notar ob.

§ 106. Von jedem zur Ausführung gekommenen Parzelirungs-Kontrakt hat der Notar eine Abschrift der Landespolizei-Behörde, binnen 8 Tagen nach der Eintragung, bei 5 Rthlr. Strafe, mitzutheilen.

§ 107. Eine Total-Dismembration setzt voraus, daß alle eingetragene Posten entweder ganz gelöscht, oder so vertheilt werden, daß eine jede nicht völlig gelöschte Post nur auf ein einziges Trennstück ganz übertragen wird. Die Vertheilung einer Post auf mehrere Stücke, oder die Eintragung der ganzen Post auf mehrere Stücke macht das ganze Geschäft nichtig.

§ 108. Die Eintragung einer zulässigen Total-Dismembration eines Gutes muß so geschehen, daß das bisherige Folium durch Löschung aller darauf eingetragenen Posten ganz gereinigt und sodann durch folgenden, auf das Titelblatt zu setzenden Vermerk:

„Dieses Grundstück (Gut) ist völlig dismembrirt und das Folium geschlossen."

geschlossen wird. Die Nummer desselben wird unterdrückt.

§ 109. Jedes Trennstück, welches keinem andern Ganzen einverleibt wird, mit Einschluß des dem bisherigen Besitzer etwa noch verbleibenden einzelnen Stückes, erhält ein neues Folium.

§ 110. Der Notar hat die Löschungs- und die Schließungsformeln für das alte Folium und die Eintragungsformeln für jedes neue Folium, beziehendlich die Zuschreibungsformeln in duplo gleichzeitig zu verfassen und vollziehen zu lassen.

§ 111. Das Aufgebot eines Grundstückes, zur Sicherstellung des Besitztitels, findet nicht Statt.

§ 112. Jeder, welcher sich mit einem eingetragenen Besitzer, in Beziehung auf das Grundstück, in ein Rechtsgeschäft einlassen will, hat die Gültigkeit des eingetragenen Besitztitels selbst zu prüfen. Hypothekenrechte jedoch, welche sich in den Händen eines redlichen Dritten befinden, haben als solche unbedingte Geltung.

Dritter Abschnitt.

Von den übrigen zur Eintragung geeigneten Handlungen.

§ 113. Außer den vorfallenden Besitzveränderungen eignen sich zur Eintragung in die Hypotheken-Bücher nur solche Handlungen, Rechtsgeschäfte und Verschreibungen, welche entweder aus der Willenserklärung des Besitzers, oder vermöge der Gesetze ein Realrecht oder einen Titel zum Realrecht an dem Grundstücke begründen. Eintragungsfähige Handlungen.

§ 114. Eine Hypothek kann auch für Wechselforderungen bestellt werden.

§ 115. Die Real-Verbindlichkeiten, welche sich zur Eintragung eignen, sind hauptsächlich:

1. beständige Lasten und Pflichten;
2. Einschränkungen des Eigenthums oder der freien Disposition des Besitzers;
3. rückständige Kaufgelder;
4. Darlehne und andere demselben ähnliche Verträge, welchen eine Hypothek bestellt ist;
5. Kautionen und Bürgschaften;
6. Gesetzliche Titel zu Hypothekenrechten.

§ 116. Wenn eine beständige Last und Pflicht, z. E. für eine Kirche, Schule oder milde Stiftung eine Fundation auf ein Gut gelegt werden soll, so ist es Sache der Betheiligten, die zur Begründung einer solchen Last in den Gesetzen vorgeschriebene Erfordernisse und Formen zu beobachten. Die von dem Besitzer zu vollziehende Eintragungsformel ist auf Grund der Fundations-Urkunde von einem Notar, in nachstehender Form, zu verfassen: 1. Beständige Lasten und Pflichten.

„5 Rthlr. schreibe Fünf Thaler unablöslicher Zins für die Kirche zu ....., laut Fundations-Urkunde d. d. ....., jährlich an Martini zahlbar.

Berlin, den

Unterschriften und Amtssiegel.

Die Formel ist mit der Fundations-Urkunde zugleich dem Ingrossator vorzulegen.

2. Einschränkungen des Eigenthums.

§ 117. Das Gleiche liegt den Betheiligten in Ansehung der Einschränkungen des Eigenthums oder freien Disposition des Besitzers, besonders bei Errichtung von Familien-Fideikommissen, ob. Nach Errichtung ist es lediglich Sache der Betheiligten, für die gehörige Eintragung der Einschränkungen und der Successions-Rechte zu sorgen. Sie haben sich dieserhalb an einen Notar zu wenden, ihm die Urkunde vorzulegen und die Eintragungsformeln verfassen zu lassen.

§ 118. Sie haben darauf zu sehen, daß in dieselbe bei der Errichtung eines Fideikommisses der wesentliche Inhalt der Stiftungsurkunde, mithin nothwendig aufgenommen werde, für welche Familie und welche Linien derselben das Fideikommiß errichtet worden. Der Notar hat die Formel in folgender Form zu fassen:

Das Gut N. ist laut Stiftungs-Urkunde d. d. .... zum beständigen Familien-Fideikommiß für die Familie des N. N. gewidmet, in welches alle männlichen, aus rechtmäßiger Ehe abstammenden Nachkommen desselben, nach Linien mit dem Rechte der Erstgeburt zu succediren berufen sind. Die berufenen Linien sind die der nachbenannten vier Söhne des genannten Stifters:

1. Johann, erster Nachfolger des Stifters, und jetziger Fideikommiß-Besitzer, welcher vier Söhne hat, Namens rc.
2. Friedrich, Zweitgeborner, gegenwärtig Rittmeister im 3. Husaren-Regiment zu N., welcher jetzt zwei Söhne hat, Namens rc.
3. Karl, Drittgeborner, zur Zeit Maschinen-Baumeister zu N.,
4. Eduard, Viertgeborner, zur Zeit Kaufmann zu N.

Berlin, den

Die Formel muß von dem Stifter, wenn er noch lebt, und von den vorhandenen bekannten, nicht in väterlicher Gewalt befindlichen Familiengliedern, welche zum Fideikommiß mitberufen sind, oder deren Stellvertretern, unterschrieben sein.

§ 119. Die Formel ist in duplo, mit der Stiftungs-Urkunde, dem Ingrossator vorzulegen.

§ 120. Wenn neu entstandene Familienmitglieder sich eintragen lassen wollen, bedürfen sie dazu nur der Einwilligung des Fideikommiß-Besitzers. Die von einem Notar abzufassende, von dem einzutragenden Familiengliede und dem Besitzer zu unterschreibende Formel lautet:

Als Anwarter zu dem Fideikommiß hat sich gemeldet der N. N.

Sohn des Viertgebornen Eduard.

Berlin, den

Eines besondern Akts über die Einwilligung des Besitzers bedarf es nicht.

§ 121. Will der Fideikommiß-Besitzer nicht einwilligen, so muß der neue Anwarter gegen ihn auf seine Eintragung klagen. Wird darauf erkannt, so hat das Gericht, auf Antrag des Klägers, die Eintragungsformel vorzuschreiben, zu deren Einschreibung dem Buchführer keine andere Vorlage erforderlich ist.

§ 122. Die Behufs Eintragung rückständiger Kaufgelder notariell abzufassende, von den Kontrahenten zu vollziehende Formel muß lauten: 3. Rückständige Kaufgelder.

.... Rthlr. schreibe rc. rückständige Kaufgelder, welche der N. N. zu N. aus dem, mit dem N. N. zu N. über das Gut ..... geschlossenen Kaufkontrakt de dato .... zu fordern hat, und welche mit ... Prozent in ... in jährlichen Terminen zum .... und zum ..... zu verzinsen, nach .... monatlicher Kündigung aber zu bezahlen sind.

Berlin, den

§ 123. Diese gehörig eingetragene Formel bildet für sich das Hypotheken-Instrument über die Post. Es darf keine Ausfertigung des Kaufkontrakts angehängt, und es kann keinem dritten Inhaber ein aus dem Vertrage hergenommener Einwand entgegengesetzt werden.

§ 124. Die Unterschrift des Verkäufers unter dieser Formel enthält von selbst den Titel zur Hypothek und die

Einwilligung zur Eintragung auf das darin bezeichnete Grundstück.

§ 125. Ist die Abfassung der Formel bei der Aufnahme des Kontrakts unterblieben und will der Käufer die später verlangte Eintragung nicht bewilligen, so kann der Verkäufer dieselbe nur insoweit fordern, als er sich in dem Vertrage eine Hypothek hat bestellen lassen oder vorbehalten.

§ 126. Er muß in diesem Falle auf Eintragung klagen. Die Formel fertigt alsdann, auf Antrag des obsiegenden Klägers, das Gericht aus.

§ 127. Bei nothwendigen Subhastationen ertheilt das Gericht die Formeln Behufs Eintragung rückständiger Kaufgelder, für die einem jeden Gläubiger angewiesene Summe besonders.

4. Darlehne und andere verwandte Geschäfte.

§ 128. Zur Eintragung von Darlehnen und anderer verwandter Rechtsgeschäfte ist die Vorlegung einer, bloß von dem Verpfänder vollzogenen, notariellen Formel erforderlich.

§ 129. Der Notar hat von dem Verpfänder, nachdem dieser sich als eingetragener Besitzer des zu verpfändenden Grundstücks ausgewiesen hat, eine Verschreibung, mit Beobachtung der gesetzlichen Vorschriften, aufzunehmen.

§ 130. Auf deren Grund verfaßt der Notar die Eintragsformel, welche enthalten muß: 1. den Namen, den Vornamen, das Gewerbe oder den Stand oder Charakter, und den Wohnsitz des Gläubigers; 2. des Verpfänders; 3. den Tag und die Beschaffenheit des Titels; 4. die Summe des Kapitals oder der jährlichen Renten und Leistungen, oder, wenn von eventuellen, bedingten oder unbestimmten Rechten die Rede ist, deren Bezeichnung, sowie den Betrag der Accessorien der Kapitalien und die Zeit der Einforderbarkeit; 5. die etwaigen Nebenabreden, welche die natürlichen Folgen des Hauptgeschäfts abändern; 6. die Bezeichnung des verpfändeten Grundstücks nach Gattung, Lage und Hypotheken-Nummer, z. E. über ein Darlehn nach folgender Fassung:

> . . . Rthlr. schreibe . . . Darlehn, zu . . . Prozent in halbjährlichen Terminen zu Johannis und Weihnachten verzinslich und mit sechsmonatlicher Frist aufkündbar, hat der Gutsbesitzer Johann George N.

zu N. von dem Rentier Benjamin N. zu N., laut Verschreibung d. d. Berlin, den . . . auf sein Landgut № 5 zu N. aufgenommen (und nach Verlauf von fünf Jahren und einer dann freistehenden dreimonatlichen Kündigung kostenfrei an dem jedesmaligen Wohnorte des Gläubigers oder dessen Rechtsnachfolgers wieder zu bezahlen, auch die Zinsen dem Gläubiger überall, wohin dieser es verlangen sollte, frei zu übersenden versprochen).

Berlin, den

Unterschriften und Amtssiegel des Notars.

§ 131. Diese gehörig vollzogene und eingetragene Formel bildet für sich das Hypotheken-Instrument. Eine Ausfertigung der Verschreibung darf nicht angehängt, noch von Seiten des Hypotheken-Buchführers zur Einsicht gefordert werden.

§ 132. Der Besitzer eines Grundstückes kann Hypothekenposten in beliebiger Anzahl, gleichzeitig oder zu verschiedenen Zeiten, auf seinen eigenen Namen eintragen lassen und später an Andere cediren [14]). Der Vorzug richtet sich nach dem Alter und der Folge der Eintragung. Hypothek auf eigenen Namen.

14) Das Prinzip ist bekanntlich schon vorhanden und in Uebung; durch den vorgeschlagenen Satz wird ihm nur eine direkte und leichtere Anwendung verschafft. Doch wird, da die Verschreibung ein instrumentum indiscretum ist, eine Controverse darüber entstehen: nach welchen Rechtsregeln die Cession beurtheilt werden soll, ob nach den Regeln über die Cession, oder nach den über das Geschäft, welches der Cession zu Grunde liegt. Man könnte das der Jurisprudenz überlassen. Wollte man darüber eine Bestimmung, nach Rechtsgrundsätzen, treffen, so müßte man unterscheiden. So lange das Instrument und das Grundstück in den Händen des Besitzers zusammenbleibt, hat die Eintragung keine andere juristische Bedeutung, als die Conservation der Priorität für eine künftig zu kontrahirende Schuld. Kommt das Instrument oder das Grundstück in andere Hände, so wird dadurch das Instrument eine Art Literal-Obligation, verbunden mit einer Hypothek, mit dem Vorzug nach dem Alter der Eintragung. Dem dritten Inhaber des Instruments kann deshalb niemals der Einwand des Mangels einer reellen causa von Seiten des Besitzers entgegengesetzt werden. Dagegen muß das Verhältniß zwischen dem Besitzer und dem ersten Abnehmer nach den Regeln des Geschäfts beurtheilt werden, welches der Uebertragung

§ 133. Zu diesem Zwecke hat er seine Erklärung notariell abzugeben und soviel Eintragsformeln verfassen zu lassen, als er Posten auf sein Grundstück einschreiben lassen will. Diese Formeln, welche die Beschaffenheit des Titels nicht enthalten können, werden, wie folgt, gefaßt:

.... Rthlr., schreibe ......, jährlich mit ... Prozent zu (Johannis) verzinslich, und mit 6 monatlicher Frist aufkündbar, hat der Rittergutsbesitzer Johann George N. zu Berlin, auf sein Rittergut N., im Teltowschen Kreise No. 3. belegen, in Folge seiner Erklärung d. d. Berlin den ....., für sich selbst eintragen lassen.

Berlin, den

Unterschriften und Amtssiegel des Notars.

§ 134. Der Hypotheken-Buchführer hat eine jede solcher Formeln, unter einer besondern Nummer, hintereinander einzuschreiben.

Verpfändung mehrerer Güter. § 135. Mehrere Güter können in Einem Instrumente oder für eine und dieselbe Post zum Unterpfande nicht verschrieben werden. Die zweite und jede folgende Eintragung ist nichtig [15]).

5. Eintragung gesetzlicher Titel. § 136. Kein gesetzlicher Titel zur Hypothek kann eingetragen werden, wenn nicht eine notarielle, oder eine von dem Richter vorgeschriebene, Eintragsformel vorgelegt wird.

§ 137. Auch die Eintragung einer vorläufigen Protestation findet nur nach einer solchen Formel Statt [16]).

6. Kautionen und Bürgschaften. § 138. Das Gleiche gilt von Kautionen und Bürgschaften.

§ 139. Es ist zulässig, für künftige Forderungen aus

---

zum Grunde liegt, also nach dem Titel der Cession, z. E. Darlehn, Schenkung, Zahlung u. s. w. — Wenn es auch Kauf, sc. wobei das Papier Gegenstand wäre, sollte sein können, so würde es Rentenkauf sein, kein Sachkauf.

15) Dieser Satz ist aus Verkehrsrücksichten nöthig.

16) Wenn also der Besitzer nicht einwilligen will, so muß der Berechtigte klagen und im Wege des Arrestes eine Formel für eine Protestation auswirken.

noch unbestimmten Rechtsverhältnissen Kautionen auf eine bestimmte Summe mit der Wirkung, daß der Vorzug der künftigen Forderung sich nach dem Alter der Eintragung richte, eintragen zu lassen [17]).

§ 140. Für die Kosten der Kündigung und Einziehung haftet die Hypothek in allen Fällen von selbst, weshalb dieserwegen in der Formel keine Erwähnung geschieht. Allgemeine Bestimmungen.

§ 141. Alle notarielle Formeln müssen, außer dem Notar, auch von einem zweiten Notar oder von zwei Instrumentszeugen mit unterschrieben sein. Ein Vollziehungsattest wird unter keine Formel gesetzt.

§ 142. In Ansehung der Ausfertigung und Eintragung von Pfandbriefen behält es bei den dießfälligen Reglements sein Bewenden, nur daß die Hypotheken-Buchführer an die Stelle der Gerichte treten.

Vierter Abschnitt.

Von Cessionen, Verpfändungen, Subinscriptionen und Verkümmerungen eingetragener Posten.

§ 143. Die Cession einer eingetragenen Post kann anders nicht geschehen, als durch Eintragung in das Hypothekenbuch. 1. Cessionen.

§ 144. Eine Cession in irgend einer andern Form ist, in Beziehung auf Dritte, nichtig, und jeder nicht von dem Hypotheken-Buchführer auf das Instrument gesetzte Cessions-Vermerk gilt für nicht geschrieben.

§ 145. Wer eine auf seinen Namen eingeschriebene Post cediren will, muß persönlich oder durch einen notariell bevollmächtigten Stellvertreter seinen Willen auf der Hypotheken-Stube dem Ingrossator mündlich erklären und das Instrument vorlegen.

§ 146. Der Ingrossator nimmt darüber ein kurzes Protokoll auf, welches Stand, Namen und Wohnort des Erschienenen und des Cessionars, die Vorlegung des In-

17) Das bleibt zu erwägen. Die Frage ist jetzt streitig.

struments und die Erklärung: daß der Erschienene die Post cedire, enthalten muß; trägt auf der Stelle die Cession in das Hypothekenbuch, neben der cedirten Post, ein, mit den Worten:

Cedirt an den N. N. zu N. N., den ....,

notirt die Eintragung auf dem Instrumente mit denselben Worten, unterschreibt und bestempelt mit dem Amtssiegel den Vermerk, giebt dann das Instrument dem Erschienenen, gegen Entrichtung der Gebühr, zurück, und vermerkt solches unter oder neben dem Protokolle [18]).

§ 147. Ein Theil einer Hypothekenpost kann nicht cedirt oder sonstwie übertragen werden [19]).

§ 148. Die Uebertragung in Folge Erbganges, Legats oder richterlicher Ueberweisung geschieht durch einen auf das Instrument zu setzenden Vermerk des Gerichts, mit folgenden Worten:

Vererbt (legirt, überwiesen) an den N. N., zu N.
Berlin, den

Königl. Landesgericht.
(L. s.) N.

§ 149. Wird bei der Theilung einer Erbschaft eine dazu gehörige Hypothekenpost Einem von mehreren Miterben übereignet, so hat der Notar auf das Instrument zu setzen:

Bei der Nachlaßtheilung nach dem Tode des N. N. dem Miterben, Bürger N. N. zu N. N., übereignet.
Berlin, den

§ 150. Wenn die Uebereignung an Mehrere geschieht, so gelten sie, mag der Antheil eines Jeden in einer bestimmten Quote oder Summe ausgedrückt sein oder nicht, im Verhältniß zu Dritten immer nur als gemeinschaftliche Inhaber der ganzen Post. Keiner kann für sich allein einen reellen oder ideellen Theil an einen Dritten übertragen.

18) Dieser Cessionsmodus erschwert den Verkehr. S. darüber und über einen andern Vorschlag das Vorwort.

19) Das neue System macht es nothwendig, daß die Hypothekenposten als ein untheilbares Ganzes, wie die Pfandbriefe, behandelt werden.

§ 151. Der Hypotheken-Buchführer hat in den Fällen der §§ 148 und 149 den Vermerk von dem ihm vorgelegten Instrumente wörtlich einzuschreiben, eine Abschrift davon bei den Akten zu behalten und den Eintragungsvermerk darunter zu setzen.

§ 152. Verpfändungen eingetragener Posten müssen wie Cessionen bewerkstelligt werden (§. 145). Andere auf ein Instrument gesetzte Verpfändungsvermerke sind in Beziehung auf Dritte wirkungslos. 2. Verpfändungen.

§ 153. Die Eintragung einer Verpfändung und der Vermerk auf das Instrument geschieht mit den Worten:

Verpfändet an den N. N., den ....

§ 154. Ein verpfändetes Instrument kann nicht cedirt werden, so lange dasselbe nicht an den Verpfänder zurückgeschrieben ist. Die Zurückschreibung geschieht entweder auf den zu Protokoll zu nehmenden mündlichen Antrag des Pfandinhabers, oder nach Vorschrift des Richters, immer unter Vorlegung des Instruments, mit den Worten:

Zurückgelangt an den N. N.

Berlin, den

§ 155. Kautions-Bestellungen mit Hypotheken-Instrumenten werden ganz wie Verpfändungen behandelt. 3. Subinscriptionen.

§ 156. Prioritätseinräumungen müssen vor Notar und Zeugen erklärt werden.

§ 157. Der Notar setzt auf Grund des aufgenommenen Akts folgende Formel auf das Instrument:

Der (Name des Inhabers) hat, laut Erklärung d. d. ...., dem N. N. den Vorzug vor dieser Post, wegen der (hier zu bezeichnenden) Forderung von .... eingeräumt.

Berlin, den

Unterschriften,

und fertigt ein Duplikat.

§ 158. Der Hypotheken-Buchführer schreibt diesen Vermerk neben der Post, worüber dieses Instrument lautet, ein, und setzt den Eintragungsvermerk auf das Instrument und das Duplikat der Formel.

4. Arreste. § 159. Ein Arrest auf eine Hypotheken=Post kann nur nach einer gerichtlich vorgeschriebenen Formel eingetragen werden, welche dahin zu fassen ist:

Die Post auf dem Grundstücke № .. zu .....
über ... Rthlr. ist für den N. N. mit Arrest belegt.

§ 160. Zur Eintragung bedarf es der Vorlegung des Instrumentes nicht [20]).

§ 161. Der Ingrossator sendet das eine Exemplar der Vorschrift, mit dem Eintragungsvermerk versehen, dem Gerichte zurück und nimmt das Andere zu den Akten.

§ 162. So lange der Arrest nicht wieder aufgehoben ist, darf keine Cession oder anderellebe rtragung eingetragen werden.

§ 163. Wird der Arrest wieder aufgehoben, so setzt das Gericht unter die zurückempfangene Formel den Vermerk:

Der Arrest ist wieder aufgehoben;

und händigt sie dem Extrahenten aus, welcher die Einschreibung der Aufhebung bei dem Hypotheken=Buchführer zu erwirken hat.

Fünfter Abschnitt.

Von Löschungen.

Löschungsgründe. § 164. Löschungen finden nur auf Antrag des eingetragenen Besitzers Statt, unbeschadet der Vorschrift des § 102.

§ 165. Der Antrag gründet sich entweder auf die Erlöschung eines an eine bestimmte Person gebundenen Rechts, oder auf den mündlichen Konsens des Berechtigten, oder auf eine notarielle Quittung desselben, oder auf eine richterliche Vorschrift, oder auf Konsolidation.

1. Erlöschung eines an die Person gebundenen Rechts. § 166. Folgende an eine bestimmte Person gebundene Rechte:

1. Einschränkungen des Eigenthums oder der Disposition, welche nicht in der Qualität der Sache, wenn sie z. B.

---

20) Weil die Cession nur bei dem Hypothekenbuche möglich, und der Schuldner gegen Zahlung durch das Inhibitorium gewarnt ist. Das würde sich ändern, wenn der Cessionsmodus verworfen wird.

Lehn, Fideikommiß ꝛc. ist, beruhen, sondern sich nur auf die Person eines bestimmten Besitzers beziehen;

2. das Vorkaufs- oder Wiederkaufsrecht für eine bestimmte Person;
3. Altentheile und Auszüge, Herbergs- und Pflegeberechtigungen, Nießbrauchs- und Wohnungsrechte und andere persönliche Servituten;
4. Leibrenten und andere lebenslängliche Giebigkeiten können gelöscht werden, wenn der Tod der bezüglichen Person durch Todtenschein oder Todeserklärungsurtel nachgewiesen ist und seit dem Todestage fünf Jahre verflossen sind. Auch
5. Ausstattungen können, unter gleichen Voraussetzungen und wenn zugleich durch den Todtenschein nachgewiesen ist, daß die berechtigte Person im ledigen Stande bis zum Tode geblieben, gelöscht werden.

§ 167. Der Hypotheken-Buchführer hat dann auf Grund dieser Urkunden die verlangte Löschung, ohne Einforderung des Instruments, mittelst Einschreibung der Worte in das Hypothekenbuch, gegenüber der betroffenen Post,

Gelöscht den .....

und mittelst Unterstreichung sämmtlicher Worte des Eintragungs-Vermerks, zu bewirken.

§ 168. Er notirt die Löschung auf der über den Antrag aufgenommenen Registratur und nimmt diese mit den Urkunden zu den Akten.

2. Mündlicher Konsens.

§ 169. Willigt der Gläubiger mündlich in die Löschung, so hat der Hypotheken-Buchführer die Einwilligung, sowie den Löschungsantrag des Besitzers, kurz zu Protokoll zu nehmen und, wenn das Instrument beigebracht ist, sogleich in derselben Weise auszuführen; das Instrument zu durchschneiden, den Löschungsvermerk auf dasselbe und auf das Protokoll zu setzen und die Dokumente zu den Akten zu nehmen.

3. Notarielle Quittung.

§ 170. Legt der Besitzer eine notarielle Quittung vor, so hat der Buchführer sich auf eine Prüfung des Inhalts nicht einzulassen, sondern lediglich die Formel, welche sich unter der Ausfertigung befinden muß [21]), gehörigen Orts einzuschreiben, den Löschungsvermerk auf dieselbe und auf das Instrument zu setzen, das letztere zu kassiren und Alles zu den Akten zu nehmen.

§ 171. Der Notarius, welcher die Quittung oder Löschungseinwilligung eines Hypothekar-Gläubigers aufnimmt, muß unter der Ausfertigung die Löschungsformel vorschreiben.

§ 172. Dem Besitzer bleibt es vorbehalten, ob er davon Gebrauch machen will oder nicht; er kann, vor der wirklichen Löschung, die Post auch als an ihn cedirt umschreiben lassen. Er hat solches vor dem Buchführer zu erklären, welcher darüber ein Protokoll aufnimmt und auf Grund [22]) jener Löschungsformel und der Erklärung des Besitzers in der Kolonne „Cessionen" einzuschreiben, sowie auf das Instrument zu setzen hat:

Cedirt an den N. N.

Berlin, den

4. Richterliche Vorschrift.

§ 173. Von dem Richter wird die Löschung vorgeschrieben:

1. wenn darüber gestritten und auf Löschung erkannt;
2. wenn ein Instrument amortisirt worden ist;
3. wenn in Folge einer nothwendigen Subhastation Löschungen nöthig werden;
4. wenn eine Zahlung ad depositum Statt gefunden hat.

§ 174. In dem vierten Falle schreibt das Gericht die Löschung, ohne Vorlegung des Instruments, auf Verlangen des Deponenten vor, wenn die Deposition für gültig erkannt worden ist. Die Auszahlung an den Gläubiger kann dann nur gegen Zurückgabe des Instruments, welches zu durchschneiden und ad acta zu nehmen ist, erfolgen.

5. Konsolidation.

§ 175. Auf Grund der Konsolidation darf die Lö-

21) Wegen der möglichen Abschlagszahlungen und Vorbehalte ist dies nöthig, um dem Buchführer nicht zu Fehlgriffen Gelegenheit zu geben.

22) Wenn einmal die Löschungsformel vorgeschrieben ist, so kann der Buchführer in der Einschreibung der Cession nicht mehr fehlgehen, weshalb es keiner neuen notariellen Vorschrift bedarf.

schung anders nicht geschehen, als wenn der Besitzer das Instrument vorlegt und dasselbe auf ihn lautet oder den Vermerk enthält, daß die Post an ihn cedirt, übergegangen oder überwiesen worden.

§ 176. Theillöschungen können auf Grund des mündlichen oder notariellen Konsenses des Gläubigers, oder einer richterlichen Vorschrift gelöscht werden, wenn das Instrument vorgelegt wird. Abschlagszahlungen.

§ 177. Die Löschung geschieht gehörigen Orts mit den Worten:

... Rthlr. schreibe ... sind abschläglich gelöscht,
Berlin, den rc.

Derselbe Vermerk wird auf das Dokument gesetzt, von dem Ingrossator unterschrieben und bestempelt.

Sechster Abschnitt.

Von Protestationen und Arresten.

§ 178. Protestationen werden eingelegt, wenn Jemand einen Realanspruch oder einen Titel zur Hypothek auf ein Grundstück behauptet, und die Einwilligung des Besitzers zur Eintragung nicht erlangen kann. 1. Protestationen.

§ 179. Wem solche Einwilligung versagt wird, der muß auf Eintragung des behaupteten Rechts klagen und kann mit der Klage den Antrag auf vorläufige Eintragung einer Protestation verbinden [22]).

22) Das System ruhet auf dem Grundsatze, daß nur der Besitzer eintragen lassen kann, mithin sein versagter Konsens durch den Richter ergänzt werden muß. Das ist zum Schutz des Besitzes und Eigenthums nothwendig. Nach fr. R. ist Kredit und Besitz in dieser Hinsicht schutzlos. Jeder, wer Lust hat, kann sich ein Bordereau machen und ohne Vorbewußt des Besitzers auf das erste beste Grundstück einschreiben lassen. Zwar kann der Besitzer auf Löschung und Schadloshaltung klagen, aber unterdeß ist sein Kredit vernichtet und der Gegner hat nichts. Zudem widerspricht dieses System dem allgemeinsten Grundsatze vom Besitze. Nicht der Besitzer hat negatorisch zu klagen, um sich zu behaupten, sondern er muß im Besitze geschützt werden, bis ein Anderer ein besseres Recht zum Besitze nachgewiesen hat. Wenn also von Zweien Einer vor-

§ 180. Wenn das Gericht den Realanspruch einigermaßen bescheinigt findet, so muß es den Antrag bewilligen, die Eintragungsformel doppelt ausfertigen und dem Kläger zur weitern Besorgung aushändigen, und dem Gegner davon Nachricht geben.

Die Fassung der Formel kann z. B. folgende sein:

> ..... Rthlr. schreibe ... rückständige Baugelder, welche der Baumeister N. N. zu N. von dem Hausbesitzer N. zu N., mit 5 Prozent Zinsen seit dem 1. April 1847, fordert, sind auf das Haus № 86 zu N. protestativisch eingetragen.
>
> Berlin, den
>
> Königl. Landesgericht.

§ 181. Der Hypotheken-Buchführer hat nach dieser Vorschrift, am gehörigen Orte, wörtlich einzutragen, den Eintragungsvermerk auf die Formel zu setzen, das eine Exemplar dem Extrahenten auszuhändigen und das Andere zu den Akten zu nehmen.

Wirkung. § 182. Die Eintragung einer solchen Protestation ist eine bedingte Eintragung des Rechts selbst. Insoweit also der Protestant seinen Anspruch wirklich erstreitet, wirkt die protestativische Eintragung von selbst wie eine unbedingte.

§ 183. Wenn der obsiegende Kläger die Eintragung purificiren lassen will, so hat er das Instrument (§ 181) dem erkennenden Gerichte einzureichen, welches auf dasselbe folgende Vorschrift für den Ingrossator setzt:

> Der Baumeister N. N. hat seine Baugelderforderung von .... Rthlr. (von seiner Baugelderforderung die Summe von .... Rthlr.), nebst 5 Prozent Zinsen seit dem 1. April 1847, rechtskräftig wirklich erstritten.
>
> Berlin, den ....
>
> Königl. Landesgericht.

---

her klagen soll, so muß es der thun, welcher den Besitzer beeinträchtigen will.

§ 184. Der Ingrossator hat diesen Vermerk unmittelbar unter der Protestation, wenn aber schon eine andere Post dort eingetragen ist, in der Kolonne Cessionen neben der Protestation einzuschreiben, eine Abschrift davon auf das Duplikat der Formel (§ 181) zu setzen, und die Eintragung des Nachtrags vorschriftsmäßig zu vermerken.

§ 185. Wird der Kläger ganz abgewiesen, so kann der Besitzer die Protestation ohne Herbeischaffung des dem Kläger darüber ertheilten Instruments (§ 181) [23]) wieder löschen lassen.

§ 186. Auf den Antrag des Besitzers ertheilt ihm das Gericht eine Anweisung an den Ingrossator, die Protestation zu löschen. Auf Grund derselben verfährt der Ingrossator mit der Einschreibung in der Kolonne Löschungen und im Uebrigen nach Vorschrift § 184.

§ 187. Die Bedeutung eines Arrestes haben folgende Einschreibungen in der zweiten Rubrik: 2. Arreste.

1) der Vermerk der eingeleiteten Subhastation;
2) der Vermerk der Litigiosität eines Grundstücks;
3) der Vermerk, daß auf Prodigalitäts-Erklärung gegen den Besitzer provocirt worden;
4) der Vermerk, daß der Besitzer ein General-Moratoriengesuch angebracht habe und daß gegen alle zum Nachtheile seiner gesammten Gläubiger gereichende Verfügungen protestirt werde.

§ 188. Zu diesen und ähnlichen Einschreibungen haben in allen Fällen die Gerichte die Formel vorzuschreiben.

§ 189. Eine Protestation des Besitzers, wegen nicht erhaltener Valuta, wegen geleisteter Zahlung, oder wegen sonstiger Einwendungen gegen eine eingetragene Post kann nur nach Vorschrift des Richters eingeschrieben werden.

§ 190. Wer eine solche Protestation eintragen lassen will, muß seine Klage oder Provokation in der Hauptsache

23) Dasselbe hat, so lange die Eintragung nicht purificirt ist, für Dritte keinen Werth. Wer es sich cediren läßt, muß sich gefallen lassen, daß die Bedingung nicht eintritt, oder schon weggefallen ist.

anbringen und damit den Antrag wegen Eintragung der Protestation verbinden.

§ 191. Findet das Gericht den Antrag begründet, so ertheilt es dem Kläger die Vorschrift für den Ingrossator zur Eintragung.

§ 192. Wird der Kläger demnächst in der Hauptsache abgewiesen, so hat das Gericht, auf Antrag des Beklagten, die Vorschrift wegen Löschung der Protestation zu ertheilen.

§ 193. Arreste, welche ein Kläger wegen einer Geldsumme oder Gewährung anderer vertretbarer (fungibler) Sachen und Handlungen auf ein Grundstück ausbringt, gehören in die dritte Rubrik.

§ 194. Die Einschreibung wie die Löschung kann nur der Richter vorschreiben. Die ertheilten Vorschriften dem Hypotheken-Buchführer vorzulegen, ist Sache der Parteien.

Siebenter Abschnitt.

Von Hypotheken-Scheinen.

§ 195. Hypotheken-Scheine sind beglaubte Abschriften von den ein gewisses Grundstück betreffenden Folien des Hypothekenbuchs.

§ 196. Sie werden bloß zum Behuf einer daraus zu nehmenden Information ertheilt.

§ 197. Zur Nachsuchung einer dergleichen Ausfertigung ist ein Jeder befugt [25]).

§ 198. Der Hypotheken-Buchführer muß den Schein, in der tabellarischen Form des Hypothekenfoliums, genau und wörtlich aus dem Hypothekenbuche abschreiben.

Weggelassen werden nur die in der **II.** und **III.** Rubrik unterstrichenen Intabulata.

§ 199. Die Abschrift muß der Hypotheken-Buchführer mit dem Buche genau vergleichen und, wenn sie damit

25) Das bringt das Prinzip der Oeffentlichkeit mit sich.

übereinstimmt, Ort und Datum der Ausfertigung sowie seine Unterschrift darunter setzen, und sein Amtssiegel beidrücken.

§ 200. Die Richtigkeit der solchergestalt ausgefertigten Hypothekenscheine muß von dem Buchführer vertreten werden.

Dritter Titel.

Verfahren bei Anlegung neuer Hypothekenbücher.

§ 201. Wenn an Orten, wo bereits Hypothekenbücher eingerichtet sind, ein Grundstück, welches bisher noch gar kein eigenes Folium hatte, eingetragen werden soll, so erhält es, ohne Rücksicht auf seine Lage, die nächstfolgende Nummer im Buche. 1. Wenn schon Hypothekenbücher eingerichtet sind.

§ 202. Wird auf ein schon eingetragenes unbebautes Grundstück ein Gebäude errichtet, welches eingetragen werden soll; so gehört der Vermerk auf das Titelblatt, z. B. in folgender Form:

> worauf ein massives Wohnhaus nebst Stallung erbaut worden ist.

Die Formel schreibt ein Notarius nach der durch ein Attest des Baumeisters bescheinigten Angabe des Besitzers vor.

§ 203. Soll an einem Orte erst ein Hypothekenbuch in der hier vorgeschriebenen Form angelegt werden; so haben die Kommunalbehörden dem Buchführer ein möglichst vollständiges und richtiges Verzeichniß sämmtlicher, in der Kommune befindlichen Grundstücke, mit Angabe der Orts-, Straßen- oder Bezirks-Nummern, zuzustellen. 2. Wenn noch keine vorhanden.

§ 204. Nach diesem Verzeichnisse hat der Buchführer jedem Grundstücke ein Folium nach der Zahlenfolge zu bestimmen.

§ 205. Sobald bei einem Grundstücke eine Einschreibung vorgenommen werden soll, muß nothwendig zugleich das Titelblatt beschrieben und der Besitztitel eingetragen werden. Es versteht sich also, daß dazu die Formeln mit vorgelegt werden müssen.

§ 206. Wenn an einem solchen Orte ein Besitzer eine Einschreibung bewirken lassen will, muß er, außer seinem Besitztitel, zugleich alle, auf dem Grundstücke bereits haftenden Realrechte eintragen lassen.

§ 207. Zu diesem Zwecke hat er sich an einen Notarius zu wenden. Diesem liegt ob:

1. den Besitzer die vorhandenen Real-Berechtigten und deren Rechte angeben zu lassen;
2. die bisher geführten Bücher und Register bis zum Anfange der vollendeten Verjährungszeit durchzugehen und die eingeschriebenen Rechte auszumitteln;
3. ein Verzeichniß der angegebenen und ausgemittelten Berechtigten und deren Rechte zu fertigen;
4. diejenigen, welche einen Realanspruch an das Grundstück zu haben vermeinen, durch folgende Bekanntmachung:

   Der N. N. will von dem Grundstücke .... seinen Besitztitel berichtigen lassen. Wer einen Realanspruch an dasselbe zu haben vermeint und eintragen lassen will, hat sich binnen vier Wochen und spätestens bis zum ..... bei mir zu melden.

Die Bekanntmachung wird einmal in ein am Orte oder im Bezirke erscheinendes Blatt eingerückt.

§ 208. Nach Ablauf des Termins verfaßt der Notar, mit Zuziehung des Besitzers,

1. die Formel zur Eintragung des Besitztitels;
2. eine Formel über jedes, von dem Besitzer anerkannte Recht, die er in derjenigen Folge, welche bei der Eintragung beobachtet werden soll, numerirt.

§ 209. Meldet sich ein Prätendent zur **II.** oder **III.** Rubrik mit einem Anspruche, den der Besitzer nicht anerkennt, so ist der Prätendent davon in Kenntniß zu setzen. Auf Eigenthums-Prätendenten wird hierbei keine Rücksicht genommen.

§ 210. Ueber einen solchen bestrittenen Anspruch muß zwar gleichfalls eine Formel verfaßt, zugleich aber in dieselbe auch der Widerspruch des Besitzers aufgenommen werden, und der Besitzer muß sich danach die Eintragung gefallen lassen.

§ 211. Demnächst kann der Besitzer auf Löschung, und der Prätendent auf Wegschaffung des Widerspruchs klagen; das Gericht schreibt nach Beendigung des Prozesses entweder die Löschung des Intabulats, oder den Vermerk über die Beseitigung des Widerspruchs, auf den Antrag des Betheiligten, vor.

§ 212. Dieser Vermerk wird auf das über die Post lautende Instrument gesetzt, mit folgenden Worten:

Der von dem N. N. gegen diese Forderung geäußerte Widerspruch ist für unbegründet erklärt worden.

Berlin, den

Königl. Landesgericht.

§ 213. Der Vermerk wird unmittelbar hinter der Post, oder, wenn es nicht die letzte ist, daneben in der Kolonne Cessionen eingeschrieben.

§ 214. Der Notar legt sämmtliche Formeln dem Hypotheken-Buchführer zur Einschreibung vor.

§ 215. Der Buchführer giebt, nach der Einschreibung, das Hauptexemplar sämmtlicher Formeln, gegen Empfang der Gebühren, dem Notar zurück.

§ 216. Der Notar hat die Instrumente über die bereits vorhanden gewesenen Rechte den Betheiligten nur gegen Zurückgabe der in ihren Händen darüber befindlichen Dokumente, welche zu durchschneiden sind, auszuhändigen.

§ 217. Die später noch zum Vorschein kommenden Realrechte können zwar gegen jeden Besitzer, welcher davon Kenntniß hat, noch zur Eintragung gebracht werden, doch stehen sie den alsdann schon eingetragenen Posten nach.

§ 218. Die Formeln über die bereits bestehenden Rechte sind stempelfrei, und der Notar hat für deren Verfassung, mit Einschluß der Vorarbeiten und der Auslagen, nur ein Pauschquantum von 5 bis 20 Rthlrn. zu fordern. Bei Grundstücken, deren letzter Erwerbspreis die Summe von 500 Rthlrn. nicht übersteigt, gebührt nur der niedrigste Kosten.

Satz, welcher bei kleinen Besitzungen bis zum Werthe von 100 Rthlrn. sich noch bis auf 2 Rthlr. ermäßigt.

Für das neue Geschäft, welches zur Besitztitelberichtigung Anlaß gegeben hat, gebühren die tarifmäßigen Sätze.

Vierter Titel.

Allgemeine Bestimmung.

§ 219. Die bisherigen Gesetze treten, soweit sie mit den Bestimmungen und Vorschriften dieser Ordnung nicht vereinbar sind, außer Kraft.

Fünfter Titel.

Gebühren-Tarif.

I. Die Hypotheken-Buchführer haben zu erheben:

1. Für die Einschreibung einer jeden Formel in die I., II. und III. Rubrik, bis 500 Rthlr. $\frac{1}{12}$ Prozent, von dem Betrage über 500 Rthlr. bis 1000 Rthlr. $\frac{1}{30}$ Prozent, und von dem Betrage über 1000 Rthlr. $\frac{1}{12}$ pro Mille. Das angefangene Hundert und Tausend wird nicht gerechnet, das erste Hundert gilt immer für voll.
2. Für einen Vermerk auf das Titelblatt 5 bis 15 Sgr.
3. Für die Einschreibung eines protestativen Vermerks in der II. Rubrik und eines nach Gelde nicht bestimmten Rechts 10 Sgr.
4. Für die Einschreibung eines Zusatzes oder Nachtrags zu einer Protestation oder einer andern schon eingetragenen Post, ebensoviel.

5. Für die Einschreibung einer fideikommissarischen Successions-Ordnung oder eines Agnaten, 1 Rthlr.
6. Für die Einschreibung einer Cession, mit Einschluß des Protokolls, den Satz 1.
7. Für eine Löschung bis zu 1000 Rthlrn. den Satz 1, bei höhern Gegenständen 1 Rthlr., bei unschätzbaren Gegenständen 10 Sgr.
8. Für die Vorlegung des Hypothekenbuchs 5 Sgr.
9. Für eine beglaubte Abschrift eines Hypotheken-Foliums von jeder beschriebenen Seite der Tabelle, 3 Sgr.

Anmerkungen.

1. Außer den vorgeschriebenen Sätzen darf für Kopialien, Siegel, Botengänge und Abträge nichts gefordert werden. Portoauslagen und Stempelgebühren passiren nebenbei.
2. Wenn der Besitztitel von mehreren Grundstücken, welche zusammen durch ein Geschäft erworben worden sind, berichtigt wird; so werden die Gebühren nur einmal, nach dem Gesammtwerthe, genommen. Das Gleiche gilt, wenn der Besitzer mehrerer Grundstücke gleichzeitig mehrere Schuldposten auf seine verschiedenen Grundstücke eintragen läßt.
3. Die Hypotheken-Buchführer, welche den vollen Genuß der Gebühren haben, müssen die erforderlichen Bücher in der vorgeschriebenen Güte und Beschaffenheit, sowie das erforderliche Amtslokal mit dem vorschriftsmäßigen sichern Gelaß zur Aufbehaltung der Bücher, auf eigene Kosten anschaffen und erhalten.
4. Die erhobenen Gebühren sind auf jede Formel und Abschrift unten am Fuße links zu notiren.

II. Den Notarien gebührt

	Rtlr.	Rtlr.	Rtlr.	Rtlr.
bei Gegenständen bis	50 —	200 —	500 —	1000
für eine Eintragungsformel incl. Schreibgebühren	Sgr. 5 —	Sgr. 10 —	Sgr. 15 —	Sgr. 20

und über 1000 Rtlr. — 1 Rtlr.

Anmerkung.

1. Zeugengebühren passiren nur dann, wenn die Formel nicht zugleich bei Aufnahme eines andern Akts verfaßt wird.
2. Für die Löschungsformel im Falle des § 170 passirt nichts.

A.

№ 10.

Das

im Fürstenthum Schmaland und dessen Liebstädtischen Kreise

gelegene

freie Allodial-Rittergut Schleebach,

zu welchem

eine in dem benachbarten Märtzischen Kreise gelegene, und in den Hypotheken-Büchern des Märtzischen Bezirks besonders eingetragene Wiese, die Otter-Wiese genannt, gehöret,

hat

Rubrica I.

Namen des Besitzers.	Titulus possessionis.	Werth des Immobilis. Rthlr.	Zuschreibungen.	Abschreibungen.
der Königl. Obrist-Lieutenant Otto v. Gutendorf	in nothwendiger Subhastation für ..... Vierzig Tausend Thaler, laut **Adjudicatoria de publ.** den 30. October 1846 meistbietend erstanden. Berlin, den Königl. Landesgericht.	40000	1. Der Besitzer Otto v. Gutendorf hat diesem Gute einen dem Besitzer des benachbarten Gutes Katzbach, Martin von Roll, mittelst Kontrakts vom 22. Juni 1847 für 1000 Rthlr. abgekauften Fleck Eichenwald, die grüne Heide genannt, einverleibt. Berlin, den	1. Die Handdienste, welche von den eilf Gärtnerstellen zu Schleebach diesem Gute zu leisten waren, sind gegen eine Kapitals-Entschädigung von 2000 Rthlrn. laut Rezesses vom 1. August 1847 abgelöst. Berlin, den Königl. General-Kommission.
der Königl. Kriegsrath Philipp Moritz v. Gutendorf	aus der väterlichen Erbsonderung, vermöge des mit seinen Miterben unterm 10. Januar 1848 errichteten Theilungsrezesses für ... Sechs und Vierzig Tausend Thaler angenommen. Berlin, den	46000		
der Landrath Johann Heinrich v. Beuthen	von dem Kriegsrath v. Gutendorf, laut Kaufkontrakts vom 18. März 1848 für ... Acht und Vierzig Tausend Thaler erkauft. Berlin, den	48000		

Rubrica II.

Betrag.			Beständige Lasten und Einschränkungen des Eigenthums oder der Disposition.	Veränderungen.	Löschungen.
Rthlr.	Sgr.	Pf.			
5			1. Fünf Thaler unablöslicher Zins für die Kirche zu .... laut Fundations-Urkunde d. d. ...., jährlich an Martini zahlbar. Berlin, den	An den Staats-Fiskus übergegangen. Berlin, den Königl. Landesgericht.	
			2. Die nothwendige Subhastation ist verfügt. Berlin, den Königl. Landesgericht.		Zu 2. Gelöscht den .....

Rubrica III.

Betrag. rthlr.	sgr.	pf.	Gerichtlich verpfändete Schulden und andere Real-Verbindlichkeiten.	Cessionen und Verpfändungen. rthlr.	sgr.	pf.		Löschungen. rthlr.	sgr.	pf.	
6000			1. Sechstausend Thaler rückständige Kaufgelder, welche der N. N. zu N. aus dem, mit dem N. N. zu N. über das Gut Schleebach geschlossenen Kaufkontrakt d. d. ..... zu fordern hat, und welche mit fünf Prozent in halbjährigen Terminen zum 1. October und zum 1. April zu verzinsen nach sechsmonatlicher Kündigung aber zu bezahlen sind. Berlin, den	6000			Zu 1. Cedirt an den N. N. zu N., den .... Verpfändet an den N. N., den .... Zurückgelangt an den N. N., den .... Vererbt an den N. N. zu N. Berlin, den .... Königl. Landesgericht.				
500			2. Fünfhundert Thaler, jährlich mit 5 Prozent zu Johannis verzinslich, und mit sechsmonatlicher Frist aufkündbar, hat der Rittergutsbesitzer, Landrath Johann Heinrich v. Beuthen zu Schleebach, auf sein Rittergut Schleebach, im Liebstädtischen Kreise № 10 belegen, in Folge seiner Erklärung d. d. Berlin, den .... für sich selbst eintragen lassen. Berlin, den								
100			3. Einhundert Thaler rc. wie vorstehend.					100			Zu 3. Gelöscht den ...
100			4. Einhundert Thaler rc. wie vorstehend.								
100			5. Einhundert Thaler rc. wie vorstehend.				Cedirt an den NN zu N den ...				

B.

Schema zum Register.

№	Praesentatum.	Inhalt.	Was geschehen und wann?
1	2. Januar V.M. 10 U.	Mündlicher Antrag des Gutsbesitzers Lorenz zu Blumheide auf Berichtigung des Besitztitels von № 12 daselbst, unter Vorlegung 1. des notariellen Kaufkontraktes vom 20. December 1847 mit der dahinter gesetzten Eintragungsformel, 2. eines Duplikats der Eintragungsformel.	Eingetragen den 3. Januar 1848.
2	eod., V.M. 11 U.	Cession des Gastwirth Liebetreu zu Sorge, betreffend die Post 4 auf № 6 daselbst, über 100 Rthlr., unter Vorlegung des Instruments.	Eingetragen den 2. Januar.
3	eod. um 1 U.	Schriftlicher Antrag des Bauer Haberland zu Kirchhübel auf Eintragung einer Hypothek über 500 Rthlr. auf die Stelle № 10 daselbst, unter Vorlegung der doppelten Eintragungsformel.	Zurückgegeben den 2. Januar, weil der Verpfänder nicht als Besitzer eingetragen ist.

Berlin, gedruckt bei Trowitzsch und Sohn.

FSC
www.fsc.org
MIX
Papier | Fördert gute Waldnutzung
FSC® C083411

Kolibri 360 GmbH
Ferdinand-Jühlke-Straße 7
99095 Erfurt, Deutschland
produktsicherheit@kolibri360.de